AF453279

COMPAGNIE FRANÇAISE

DE LA

CÔTE OCCIDENTALE D'AFRIQUE

ORGANISATION — PRIX DE REVIENT

MAI 1879

PARIS

IMPRIMERIE SERINGE FRÈRES

Place du Caire, 2

COMPAGNIE FRANÇAISE

DE LA

COTE OCCIDENTALE D'AFRIQUE

ORGANISATION — PRIX DE REVIENT

TRANSPORTS

Les transports ont une importance prépondérante dans notre entreprise et leur bonne organisation doit exercer une influence décisive sur les bénéfices sociaux.

Sur mer : le nombre des navires qui visitent la colonie est très variable et presque toujours insuffisant, aussi les frêts sont-ils très élevés et il est impossible d'entreprendre de grandes opérations sur les produits du pays sans s'assurer à l'avance, par achat ou par location, les navires nécessaires à les exporter. En organisant un service de transports maritimes avec des navires à nous, et dont nous augmenterons le nombre successivement et proportionnellement au développement de nos opérations, nous nous procurerons une indépendance précieuse, un coût fixe et une économie sérieuse pour le frêt de nos marchandises ; de plus, le nombre des voyages de nos navires, en se multipliant, nous permettra de renouveler constamment le stock des marchandises nécessaires aux échanges et d'augmenter considérablement le chiffre de nos opérations sans accroître la valeur de ce stock et en la réduisant, au contraire, au minimum indispensable pour assurer le service régulier.

Sur terre : l'exploitation des richesses merveilleuses du sol est impossible, et l'on ne peut songer à pénétrer dans l'intérieur du continent, sans créer des moyens de transports plus économiques, plus rapides et plus certains, que le portage par l'homme, le seul qui existe actuellement ; c'est une condition qu'on ne peut éluder, mais dont l'exécution doit assurer aussi à la Compagnie créatrice, des avantages considérables et exceptionnels en lui donnant le monopole du commerce des contrées qu'elle desservira.

TRANSPORTS MARITIMES

Trois compagnies de navigation à vapeur desservent actuellement la colonie : une est anglaise, une autre hollandaise et une portugaise. Une nouvelle ligne allemande doit, nous dit-on, faire prochainement aussi le service de l'Angola.

La compagnie anglaise est la " British African steam navigation Company ", qui effectue trois départs par mois de Liverpool et touche aux points suivants : Madère, Bathurst, Ténériffe, Grande Canarie, Gorée, Sierra-Leone, Monrovia, Grand Bassam, cap'Palmas, Half-Jack, Cape-Coast-Castle, Salt Point, Winnebah, Accra, Jellah-Coffee, Little Popo, Whydah, Lagos, Bonny, Fernando Po, Vieux Calabar, Cameroon, Eloby, Gabon, Saint-Thomé (île de), Black Point, Landana, Congo, Ambrizette, Kinsembo, Ambriz et Loanda. Cette ligne dessert tous les comptoirs anglais de la côte occidentale d'Afrique, mais ne fait presque rien avec les Portugais qui se servent des commissionnaires de Lisbonne pour leurs opérations.

La compagnie hollandaise dont la raison sociale était d'abord " Brücher et Maurling ", s'est transformée, il y a deux ans, en société anonyme sous le titre de " Afrikaansche Handelsveereeniging ", en augmentant son capital et le nombre de ses comptoirs. Elle ne travaille que pour ses propres comptoirs, au nombre de 60 ou 70, établis sur tous les points de la côte ; deux vapeurs voyagent constamment en sens inverse pour les desservir, et d'autres steamers de fort tonnage viennent recueillir les produits du pays échangés, plusieurs fois par an.

La compagnie portugaise est la seule qui desserve sérieusement le commerce de la province d'Angola. Elle se nomme " Empresa Lusitana ", et appartient à des Anglais, MM. Bailey et Leetham, de Hull, qui ont traité avec le gouvernement portugais. Celui-ci leur a concédé le privilège des transports de l'État, le service de la poste et un tarif très élevé pour les transports des marchandises et des passagers par leurs steamers, sous la condition de porter le pavillon portugais, de faire commander les vapeurs par des officiers de cette nation, et d'effectuer un départ de Lisbonne, le 5 de chaque mois, en touchant aux points suivants : Madère, îles du Cap Vert, cap Palmas, île du Prince, île Saint-Thomé, Barre du Congo, Ambriz, Loanda, Benguella et Mossamèdes, point terminus de la ligne.

Les avantages de ce traité consistent dans les transports de l'État qui fournissent un frêt assez important pour le sens où la ligne est la moins productive, et dans l'homologation du tarif dont les prix élevés procurent de gros bénéfices, au détriment du commerce qui est forcé de les subir faute de concurrence.

Cette situation offre des éléments dont on pourra tirer parti plus tard si on le juge à propos ; mais le service maritime que nous projetons ne devant être qu'un complément utile de notre entreprise et pour son usage personnel, nous devons nous borner à cette indication.

Quant à présent, nous proposerons d'organiser ce service maritime sur les bases suivantes :

Départs fixes, autant que possible, mais subordonnés, avant tout, aux besoins et convenances de l'exploitation.

Point de départ et port d'armement : le Havre.

Points desservis sur le parcours : Lisbonne, Madère, Dakar (Gorée) ou îles du Cap Vert, le Gabon, Loanda, Benguella et Mossamèdes, point terminus.

Le port du **Havre,** comme port d'armement, réunit toutes les conditions désirables. En correspondance journalière avec l'Angleterre et les ports du Nord, à quelques heures du grand marché parisien et communiquant par les chemins de fer et les canaux jusqu'au centre de la France, les frêts pour l'exportation y sont faciles à rencontrer et les produits importés y trouvent un marché très étendu.

Lisbonne. Nos relations avec le gouvernement portugais nous font un devoir politique de toucher ce port ; mais en dehors de cette convenance, l'importance du commerce que cette place entretient avec le Havre, doit nous permettre d'obtenir du frêt, principalement dans le sens de l'aller qui est le moins rémunérateur. Nous trouverons aussi sur la place de Lisbonne des employés acclimatés pour l'Afrique, à prétentions peu élevées, des ouvriers, et des animaux pour nos transports terrestres.

Madère est touché par toutes les lignes de steamers qui traversent l'Atlantique. Cette île offrira peu d'intérêt comme frêt, mais on y rencontre un grand nombre de gens ayant travaillé sur tous les points de l'Amérique, aux Antilles, au Brésil, en Afrique, etc., très entendus dans les cultures intertropicales et parmi lesquels nous trouverons à recruter d'excellents contre-maîtres et des ouvriers intelligents acclimatés pour conduire les noirs et les travaux qu'on ne peut leur confier qu'après les avoir dressés.

Dakar (Gorée) ou **Iles du Cap Vert**. La colonie française est touchée par les Messageries nationales, qui ont leur point de départ à Bordeaux. Notre ligne, partant du Havre, se trouverait bien placée pour obtenir des frêts et des passagers pour le Sénégal, des rechanges pour les croisières, du matériel pour la colonie et du charbon pour les messageries et les navires de guerre.

Aux îles du Cap Vert, nous pourrions également transporter du charbon pour les steamers qui traversent l'Atlantique et qui y font escale pour remplir leurs soutes. Nous y chargerions ensuite du sel, qui est excellent et à très bas prix, dont le placement, dans l'Angola, est toujours assuré. Cette escale nous paraît préférable pour nous, à cause du sel, mais nous devions indiquer l'autre comme correspondant mieux à l'intérêt général français. La durée de la traversée est, du reste, la même pour l'une ou l'autre escale.

Le Gabon. Ce que nous avons dit pour Dakar s'applique au Gabon, qui est touché par deux lignes anglaises, mais n'a pas de rapport direct avec la France, aucune ligne française n'existant pour desservir la côte occidentale de l'Afrique. C'est dans l'intérêt général français que nous proposons de faire escale à ce port ; il pourra nous donner quelques frêts pour l'aller, mais nous aurions plus d'économie à effectuer le trajet des îles du Cap Vert à Loanda, sans escale.

Loanda. Est le port qui desservira la presque totalité de nos établissements agricoles et de notre commerce dans l'Angola. Ce sera notre point terminus dans les commencements ; mais plus tard, nous devrons prolonger notre ligne jusqu'aux points suivants.

Benguella. Port où nous n'aurons qu'un simple comptoir, mais qui peut acquérir, par la suite, une assez grande importance commerciale.

Mossamèdes. Port excellent, où nous aurons un établissement agricole et un haras pour les mulets. C'est la contrée la plus saine de toute l'Afrique pour les Européens, on y envoie les malades s'y rétablir ; son climat est analogue à celui du midi de l'Europe, mais plus stable. La mouche tsétsé y est inconnue, et les bestiaux y réussissent admirablement, c'est ce qui nous engage à y établir un haras pour alimenter notre service de transports ; nous pensons aussi y construire notre sucrerie qui utilisera le travail des juments poulinières que nous y entretiendrons, et des ateliers de réparations mécaniques exigeant le concours d'ouvriers blancs, qui pourront résider et travailler sous ce climat sans avoir rien à redouter pour leur santé.

Type des steamers. Les grands navires, portant plus de charge avec un équipage proportionnellement moins nombreux, sont plus avantageux que les petits ; mais pour qu'ils conservent cet avantage, il faut pouvoir les remplir, et la capacité à adopter doit être calculée d'après la quantité du trafic probable sur leur parcours projeté.

Nous choisissons donc comme type réunissant les meilleures conditions économiques de la ligne à desservir, un steamer pouvant porter en lourd 2,000 tonneaux et 25 jours de charbon pour la chauffe de sa machine, type qui correspond de 1,000 à 1,100 tonneaux du tonnage légal.

La marche à grande vitesse est la règle pour les lignes transatlantiques ; le service des malles et des voyageurs, ainsi que les nécessités de la concurrence, leur en imposent l'obligation. Mais ces grandes vitesses ne sont obtenues qu'au prix d'une dépense de charbon considérable, qu'un service marchand ordinaire ne pourrait supporter. Ce que nous devons chercher, c'est l'économie et la régularité des traversées, et nous avons fixé la vitesse moyenne à obtenir de la machine seule, à 9' par heure, comme étant la plus avantageuse et consacrée par l'expérience.

La machine sera du système Compound, avec condenseurs à surface, et sa consommation réglementaire de charbon ne devra pas dépasser, au maximum, 1 k. par cheval-vapeur indiqué et par heure.

Pour obtenir la vitesse de 9' à l'heure, la force développée atteindra 600 à 700 chevaux, selon l'état de la mer et le vent, soit une dépense de charbon de 6 à 700 k. à l'heure, et de 14,400 k. à 16,800 k. par 24 heures.

La vapeur sera produite par 2 chaudières à 2 foyers, soit 4 foyers.

Le steamer sera pourvu de tous les engins et appareils mécaniques les plus perfectionnés pour faciliter ses manœuvres et ses opérations de chargement et déchargement, afin d'économiser le temps et réduire le personnel au chiffre le plus faible.

Bien que construit spécialement pour le transport des marchandises, le steamer comportera néanmoins les aménagements nécessaires pour recevoir 20 à 30 passagers de chambre et 30 à 40 passagers d'avant.

Le prix demandé pour un steamer de notre type, par un des constructeurs du Havre, est de 1,150,000 francs, prêt à prendre la mer. Ce prix n'a pas été discuté et nous pensons qu'il pourra être fortement abaissé; en l'adoptant pour nos calculs, nous ne nous exposons donc à aucun mécompte, car, dans aucun cas, il ne pourra se trouver dépassé.

Frais de navigation. Devis du coût de la solde et de la nourriture de l'équipage du steamer, les vivres faits par l'armement :

	Solde par mois			Nourriture par mois
1 Capitaine commandant	500 »			
1 — second	250 »			
1 Lieutenant	150 »	4 Officiers .... à 90 »		360 »
1 Mécanicien en chef	350 »			
1 — en 2ª	200 »			
1 — en 3ª	150 »	3 Sous-Officiers.. à 75 »		225 »
1 Maître d'équipage	90 »			
8 Matelots dont 1 charpentier, à 65 »	520 »			
2 Mousses à 30 »	60 »	10 Matelots .... à 55 »		550 »
6 Chauffeurs à 85 »	510 »			
2 Soutiers à 60 »	120 »	8 Chauffeurs ..... à 60 »		480 »
1 Cuisinier	100 »			
1 Aide de cuisine	25 »	3 Cambusiers ..... à 60 »		180 »
1 Maître d'hôtel	80 »			
Supplément au charpentier	15 »			
— à la petite chaudière	20 »			
28 hommes — Total de la solde	3.140 »		Nourriture...	1,795 »

Ensemble.... 4,935 » par mois

Les 4 officiers sont servis dans la chambre, avec les passagers, par le maître-d'hôtel.

Les 3 sous-officiers le sont, dans un rouffle sur le pont, par l'aide de cuisine.

Les matelots et mousses mangent au même plat.

Les chauffeurs et soutiers ensemble et au même plat.

Le prix des vivres est celui que l'on paie en France, mais nos cultures nous permettront d'approvisionner nos steamers à bien meilleur compte, et nous réaliserons certainement une forte économie sur cette dépense.

Pour les dépenses générales, nous les évaluons sur les bases suivantes :

Usure et entretien	10 % du coût du steamer		115,000
Dépréciation (amortissement)	5 %	do	57.500
Assurance	6 %	do	69,000
Intérêts du capital	6 %	do	69,000
	Total par an		310,000

Pour les droits de port, de pilotage, et les menues dépenses pour eau, huile, suif, chiffons, etc., nous comptons une somme ronde de 1,800 francs par voyage complet.

Les droits à payer à Lisbonne sont :

$$
\begin{array}{ll}
\text{Droits de port.....} & \text{30 réis par tonne} \\
\text{d}^{\circ}\ \text{sanitaires...} & \text{15 \ \ »} \\
\hline
\text{Ensemble.} & \text{45 réis par tonne} \times 1{,}000\ \text{T} = \dfrac{45\text{\$}000}{180} = 250\ \text{»} \\
\end{array}
$$

$$
\begin{array}{ll}
\text{Droits de pilotage.....} & \text{18\$000 pour tout tonnage} \\
\text{Supplément en rivière.} & \text{2\$400 \quad d}^{\circ} \\
\hline
\text{Ensemble....} & \text{20\$400} \qquad \dfrac{20\text{\$}400}{180} = 113.35 \\
\end{array}
$$

$$\text{Total....... } 363.35$$

Il n'y a pas de droits ni de pilotage à payer pour tous les autres ports de l'Afrique, notre prévision de 1,800 francs est donc très largement suffisante.

Pour la dépense de charbon, nous compterons sur le maximum, soit 700 k. à l'heure, en faisant observer que les vents sont presque constamment favorables sur la ligne parcourue et qu'il est certain que, dans cette navigation, le steamer réalisera de fortes économies de charbon avec sa voilure. Sauf les cas de tempête ou de vent-debout, jamais notre chiffre de dépense ne sera atteint.

Éléments du prix de revient de navigation. Les distances sont indiquées en milles marins; la vitesse de marche réglée à 9' à l'heure, et la durée des escales proportionnée aux opérations probables pour chaque port. Le temps du parcours et celui du stationnement seront très probablement réduits dans la pratique, et nous pensons qu'on pourra gagner facilement un demi-voyage en plus sur l'année; mais nous préférons n'en pas tenir compte pour conserver à nos chiffres une valeur et une sécurité indiscutables.

Nous ajoutons, pour séjour au Havre, 21 jours et 20 heures par voyage, pour compléter le nombre des jours de l'année et, comme principe, nous répartissons la dépense afférente à ce séjour (solde et nourriture de l'équipage au complet) sur chaque port de la route, proportionnellement à la distance qui les sépare entre eux.

Nous faisons de même pour les dépenses générales et pour les droits de port, pilotage et menues dépenses, dont les chiffres portent proportionnellement et exclusivement sur les heures de marche du steamer.

De cette façon, le navire en port d'escale ne supporte que ses frais d'équipage ; le navire en marche absorbe toutes les autres dépenses, et le navire au port d'armement n'a plus aucune dépense à couvrir.

Durée du voyage et répartition du temps :

Ports	Distance milles	Navigation heures	Escales heures	Proportion du séjour au port d'armement heures
Du Havre à Lisbonne........ ...	864'	96	48	46
De Lisbonne à Madère	450'	50	6	24
De Madère à Iles du Cap Vert .	900'	100	48	48
Des Iles du Cap Vert au Gabon..	1,800'	200	24	96
Du Gabon à Loanda..........	480'	54	120	26
De Loanda à Benguella........	240'	24	6	12
De Benguella à Mossamèdes ...	180'	21	36	10
Voyage d'aller Totaux......	4.914'	545	288	262
D° de retour D°	4.914'	545	288	262
Voyage complet....	9.828'	1,090	576	524

$$\dfrac{2{,}190\ \text{h.}}{24} = 91\ \text{jours et 6 heures.}$$

$$\frac{365 \text{ jours}}{91 \text{ j. } 6 \text{ h.}} = 4 \text{ voyages complets par an.}$$

Chaque steamer parcourra donc 39,812' ou 13,104 lieues par an.

Temps de marche.......................... 181 jours 16 heures.
Stationnements : ports d'escales.. 96 jours.. ⎱ 183 — 8 —
　　　　—　　　　port d'armement. 87 j. 8 h. ⎰
　　　　　　　　　　　Ensemble......... 365 jours.

Ce service sera fort peu fatigant et ne pourra occasionner qu'un entretien fort ordinaire qui n'absorbera certainement pas les 115,000 francs que nous lui affectons

L'équipage coûte, pour solde et nourriture, 4,935 francs par mois, soit :

$$4,935 \times 12 = 59,220 \text{ par an} ; \quad \frac{59,220}{365 \text{ j.}} = 162.25 \text{ par jour} ; \quad \frac{162.25}{24} = 6.7572 \text{ par heure.}$$

Le temps de marche étant 1,090 heures par voyage, et 4,360 heures par an, les dépenses seront :

$$\text{Générales.......} \quad \frac{310.500}{4,360 \text{ h.}} = 71.216 \text{ par heure de marche.}$$

$$\text{Droits et divers.} \quad \frac{1,800}{1.090 \text{ h.}} = 1.652 \quad — \quad —$$

Prix de revient de navigation par port.

1. Havre à Lisbonne.............,. 96 h. navigation. Charbon $\times$ 700 k. = 67,200 k.
　　　　　　　　　　　　　　　　$\times$ 25 » = 1,680 »
48 h. escale.
48 h. port armement.
190 h. équipage......... $\times$ 6.7572 = 1,284.87
96 h. dépenses générales $\times$ 71.216 = 6,836.74
96 h. droits et divers.... $\times$ 1.052 = 158.50
　　　　　　　　　　　　　　　　　——— 8,280.11
　　　　Total pour 2,000 tonneaux. 9.960.11

2. Lisbonne à Madère.......... 50 h. navigation. Charbon $\times$ 700 k. = 35,000 k.
　　　　　　　　　　　　　　　　$\times$ 25 » = 875 »
6 h. escale.
24 h. armement.
80 h équipage......... $\times$ 6.7572 = 540.68
50 h. dépenses générales $\times$ 71.216 = 3,560.80
50 h. droits et divers... $\times$ 1.652 = 82.60
　　　　　　　　　　　　　　　　　——— 4,184 »
　　　　Total pour 2,000 tonneaux. 5,059.08

3. Madère à Iles du Cap Vert 100 h. navigation. Charbon $\times$ 700 k. = 70,000 k.
ou Dakar.
　　　　　　　　　　　　　　　　$\times$ 25 » = 1,750 »
48 h. escale.
48 h armement.
196 h. équipage......... $\times$ 6.7572 = 1,324.45
100 h. dépenses générales $\times$ 71.216 = 7,121.60
100 h. droits et divers... $\times$ 1.652 = 165.20
　　　　　　　　　　　　　　　　　——— 8 611.25
　　　　Total pour 2,000 tonneaux. 10,361.25

4. Iles du Cap vert au Gabon... 200 h. navigation. Charbon $\times$ 700 k. = 140,000 k.
　　　　　　　　　　　　　　　　$\times$ 25 » = 3,500 »
24 h. escale.
90 h. armement.
320 h. équipage .... $\times$ 6.7572 = 2,162.30
200 h. dépenses générales $\times$ 71.216 = 14,243.20
200 h. droits et divers... $\times$ 1.652 = 330.20
　　　　　　　　　　　　　　　　　——— 16,735.70
　　　　Total pour 2,000 tonneaux. 20,235.70

	Coût de la tonne.	
	De port à port	Du Havre au port
Total pour 2,000 tonneaux. 9.960.11	4.98	4.98
Total pour 2,000 tonneaux. 5,059.08	2.53	7.51
Total pour 2,000 tonneaux. 10,361.25	5.18	12.69
Total pour 2,000 tonneaux. 20,235.70	10.118	22.808

5. Du Gabon à Loanda......... 54 h. navigation. Charbon $\times$ 700 k. $=$ 37,800 k.

$\times$ 25 » $=$ 945 »

120 h. escale.

26 h. armement.

200 h. équipage......... $\times$ 6.7572 $=$ 1,352.45
54 h. dépenses générales $\times$ 71.216 $=$ 3,845.67
54 h. droits et divers... $\times$ 1.652 $=$ 89.60
————— 5,287.72

Total pour 2000 tonneaux. 6.232.72   3.117   25,925

6. Loanda à Benguella.... . ... 24 h. navigation. Charbon $\times$ 700 k. $=$ 16,800 k.

$\times$ 25 » $=$ 420 »

6 h. escale.

12 h. armement.

42 h. équipage......... $\times$ 6.7572 $=$ 288.90
24 h. dépenses générales $\times$ 71.216 $=$ 1,709.19
24 h. droits et divers... $\times$ 1.652 $=$ 39.45
————— 2,032.54

Total pour 2000 tonneaux. 2,452.54   1.226   27.151

7. Benguella à Mossamèdes .... 21 h. navigation. Charbon $\times$ 700 k. $=$ 14,700 k.

$\times$ 25 » $=$ 367.50

36 h. escale.

10 h. armement.

67 h. équipage......... $\times$ 6.7572 $=$ 453.85
21 h. dépenses générales $\times$ 71.216 $=$ 1,495.54
21 h. droits et divers... $\times$ 1.652 $=$ 34.45
————— 1,083.84

Total pour 2,000 tonneaux. 2,351.34   1.176   28.327

RÉSUMÉ ET CONTROLE

Port.	Navigation. Heures.	Escales. Heures.	Armement. Heures.	Charbon. Poids. Kilos.	Charbon. Sommes.	Équipage.	Dépenses générales.	Droits et divers.	Total.	Coût de port à port.	Coût du Havre au port.
1. Lisbonne........	96	48	46	67,200	1,680 »	1,284.87	6,836.74	158.50	9,960.11	4.98	4.98
2. Madère........	50	6	24	35,000	875 »	540.68	3.560.80	82.60	5,059.08	2.59	7.51
3. Iles du Cap Vert.	100	48	48	70,000	1,750 »	1,324.45	7,121.60	165.20	10,361.25	5.18	12.69
4. Gabon..........	200	24	96	140,000	3,500 »	2,162.30	14,243.20	330.20	20,235.70	10.118	22.808
5. Loanda.........	54	120	26	37,800	945 »	1,352.45	3.845.67	89.60	6,232.72	3.117	25 025
6. Benguella.......	24	6	12	16,800	420 »	283.90	1,709 19	89.45	2,452.54	1.226	27.151
7. Mossamèdes.....	21	36	10	14,700	367 50	453.85	1,495.54	34.45	2.351.34	1.176	28.327
Totaux....	545	288	262	381,500	9,537.50	7,402.50	38,812.74	900 »	56,652.74	28.327	
Retour....	545	288	262	381.500	9,587.50	7,402.50	38,812.74	900 »	56,652.74	28.327	
Voyage complet.	1,090	576	524	763,000	19,075 »	14,805 »	77,625.48	1,800 »	113,305.48	56.654	
	2,190 h. = 91 j. 6 h.					113,305.48					
4 Voyages......	4,360	2,304	2.096	3,052.000	76,300 »	59,220 »	310,501.92	7,200 »	453,221.92		
	8.760 h. = 365 jours					453,221.92					

Applications et comparaisons. La tonne de marchandises d'importation correspond, dans la pratique, à 2 1/2 à 3 tonnes de produits bruts d'exportation. Il en résulte que, dans le sens de l'aller, on ne peut compter que sur 1/3 environ du chargement du steamer; mais pour laisser la plus grande marge à l'imprévu, nous compterons que le voyage d'aller se fait à vide, et celui de retour à plein. Nos prix de revient nous permettront toujours, s'il y a lieu, de compléter le frêt du retour, et les marchandises que nous importerons pour notre commerce d'échange et pour payer les salaires de nos ouvriers; le matériel, les animaux, les passagers et les transports que nous pourrons faire pour les escales, fût-ce de la houille à frêt réduit, produiront un chiffre de recettes pour le voyage d'aller, qui constitueront un bénéfice certain que nous négligeons.

Dans ces conditions, nous admettons que le steamer emporte le charbon nécessaire à son retour, en plus de ses 25 jours de chauffe réglementaire, soit 400 tonnes environ pour le 1/2 voyage, qui dure moins de 23 jours, et nous avons compté le prix du charbon consommé toujours à 25 francs la tonne, prix très raisonnable. Mais, pour tout prévoir, nous supposerons que le prix du charbon augmente de 5 francs, ce qui élèverait le coût de l'heure de chauffe de 3 fr. 50, et nous donnerait : pour Loanda, 500 h. $\times 3.50 = \dfrac{1{,}750 \text{ »}}{2{,}000 \text{ t.}} = 0$ fr. 875 ; pour Benguella, 524 h. $\times 3.50 = \dfrac{1{,}834 \text{ »}}{2{,}000 \text{ t.}} = 0.917$; et pour Mossamèdes, 545 h. $\times 3.50 = \dfrac{1{,}907.50}{2{,}000 \text{ t.}} = 0.953$. Le frêt simple de la tonne en lourd deviendrait 25.925 + 0.875 = 2.680 et doublé 53.60 pour Loanda ; 27.151 + 0.917 = 28.068 et doublé 56.136 pour Benguella ; et enfin, 28.327 + 0.953 = 29.280 et doublé 58.560 pour Mossamèdes. Mais comme la presque totalité des chargements sera fournie par Loanda, et que les frais de navigation jusqu'à Mossamèdes pourraient ne pas se trouver entièrement couverts par suite de l'insuffisance du trafic, nous augmenterons les prix du frêt comme suit :

Pour Loanda.	55 »	au lieu de	53.60
Pour Benguella	58 »	—	56.13
Pour Mossamèdes.	60 »	—	58.56

Tous ces prix sont, bien entendu, pour l'usage personnel de l'entreprise et pour asseoir les calculs de ses opérations. Lorsque l'on transportera pour le commerce, les cours du frêt s'établiront selon les circonstances.

Voici maintenant le tarif de la Compagnie portugaise :

POUR L'IMPORTATION

De Lisbonne :

Pour tous les ports au delà de Cap-Vert

		Prix	
De Lisbonne :	Composition	en réis	en francs 180 pour 1 fr.
Chaque tonne.	1.000 k.	20$000	111.11
Farine, par barrique.	100 k.	2$400	18.83
Liquides, par pipe.	500 lit.	10$000	55.55
Marchandises et tous autres produits non spécifiés..	0me 700	16$000	88.88
Chevaux et Mulets	l'un 10me	150$000	833.33
Bœuf ou Ane.	l'un 6me	100$000	555.55

POUR L'EXPORTATION

Pour Lisbonne de :

Pour chaque tonne de 1,000 k.	Loanda		Benguella		Mossamèdes	
	Réis	Francs	Réis	Francs	Réis	Francs
Coton.	34$000	188.88	37$000	205.55	40$000	222.22
Huile.	20$000	111.11	22$000	122.22	22$000	122.22
Cacao et café.	17$000	94.45	23$000	127.78	24$000	138.34
Cire	21$000	119.45	26$000	144.45	27$000	150 »
Cuivre (Minerai),.	11$000	61.12	12$000	66.67	12$000	66.67
Cuirs et peaux.	32$000	177.78	32$000	177.78	32$000	177.78
Arachides et noix de coco. . . .	17$000	94.45	23$000	127.78	23$000	127.78
Gomme copal, en barriques. . .	23$000	127.78	30$000	166.66	32$004	177.78
Gomme copal, en sacs.	17$000	94.45	23$000	127.78	25$000	138.88
Ivoire et dents.	21$500	119.45	26$000	144.45	27$000	150 »
Orseille.	34$000	188.88	37$000	205.55	40$000	222.22

Mais tous ces prix sont établis de ou pour Lisbonne, et pour les comparer avec les nôtres, il faut y ajouter le coût du frêt de Lisbonne au Havre qui est, au plus bas prix, de 13 francs par tonne, et de 20 francs le mètre cube. C'est ce que nous faisons dans le tableau ci-après.

Pour le voyage d'aller, le frêt étant un bénéfice net, puisque toutes les dépenses sont couvertes par le voyage de retour, nous appliquerons seulement les prix simples pour ne pas exagérer ce bénéfice, et pour faire mieux ressortir les avantages de notre combinaison pour les opérations de l'entreprise.

COMPARAISON AVEC LE TARIF PORTUGAIS

Du Havre à : IMPORTATION

Dénomination	Composition du Tonneau	Tarif Portugais Augmentation appliquée	Prix augmenté	Loanda Prix	Loanda Différence	Benguella Prix	Benguella Différence	Mossamèdes Prix	Mossamèdes Différence
Chaque tonne	1,000 k.	13 »	124.11	26.80	97.31	28.07	96.04	29.28	94.83
Farine, par barrique	800	1.63	14.96	3.35	11.01	3.51	11.43	3.66	11.30
Liquides, par pipe	900	7.23	62.78	14.89	47.89	15.60	47.18	16.27	46.51
Marchandises non spécifiées	mèt. cube 20 »		108.88	38.29	70.59	40.10	68.78	41.83	67.05
Chevaux et Mulets	10mc 200 »		1,033.38	382.90	650.43	401 »	632.33	418.30	615.09
Bœuf ou Ane	6mc 120 »		675.55	229.74	445.81	240.60	434.95	250.98	424.57

Pour le Havre de : EXPORTATION

Dénomination	Composition du Tonneau	Augmentation appliquée	Loanda Portugais	Loanda Entreprise	Loanda Différence	Benguella Portugais	Benguella Entreprise	Benguella Différence	Mossamèdes Portugais	Mossamèdes Entreprise	Mossamèdes Différence
Coton	450k.	29.20	217.17	122.22	94.95	233.84	128.89	104.95	250.51	134.34	117.17
Huiles	900	14.45	125.56	61.11	64.45	136.67	64.45	72.22	136.67	66.67	70 »
Cacao	700	18.56	113.01	78.57	34.44	146.34	82.86	63.48	151.90	85.72	66.18
Café	900	14 45	108.90	61.12	47.78	142.23	64.45	77.78	147.79	66.67	81.12
Cire	900	14.45	133.90	61.12	72.78	158.90	64.45	94.45	164.45	66.67	97.78
Cuivre (Minerai)	1,000	13 »	74.12	55 »	19.12	79.67	58 »	21.67	79.67	60 »	19.67
Cuirs et peaux	600	21.67	199.45	91.67	107.78	199.45	96.67	102.78	199.45	100 »	99.45
Arachides, en grenier	700	18.56	113.01	78.57	34.44	146.34	82.86	63.48	146.34	85.72	60.62
Noix de coco, en grenier	1,000	18 »	107.43	55 »	52.43	140.78	58 »	82.78	140.78	60 »	80.78
Gomme copal, en barrique	700	18.56	146.34	78.57	67.77	185.22	82.86	102.36	196.34	85.72	110.62
d° en sacs	800	16.25	110.70	68.75	41.95	144.03	72.50	71.53	155.13	75 »	80.13
Ivoire et Dents	800	16.25	135.70	68.75	66.95	160.70	72.50	88.20	166.25	75 »	91.25
Orseille	400	32.50	221.38	137.50	83.88	238.05	145 »	93.05	254.72	150 »	104.72

Les différences considérables, à notre profit, qui ressortent de cette comparaison, justifient amplement l'utilité d'organiser un service maritime pour notre usage, et démontrent qu'en cas d'insuffisance de notre frêt personnel, il nous sera facile de trouver le complément du chargement de nos steamers et de leur assurer ainsi, en tout temps, des frêts entiers. Nos steamers ne pourront donc jamais perdre et donneront, au contraire, l'intérêt de leur coût étant déjà compris dans le prix de revient, des bénéfices importants. L'entreprise est sûre et de tout repos.

Les produits importés dans l'Angola sont pour 61 à 66 °/₀ de provenance étrangère, et pour 34 à 39 °/₀ de provenance portugaise. Ces derniers se composent pour la majeure partie de vins, farine, huile d'olive, et quelques étoffes de laine grossières.

L'importation en est faite pour 86 à 90 °/₀ par navires portugais, et pour 10 à 14 °/₀ par navires étrangers, pour Loanda et Ambriz; à Benguella, les navires étrangers entrent à peine pour 1.50 °/₀ dans l'importation, et à Mossamèdes, pour 3.55 °/₀.

Pour l'exportation, les navires portugais accaparent 84 à 87 °/₀ du trafic de Loanda et Ambriz, les navires étrangers n'y ont donc que 13 à 16 °/₀; à Benguella, ces derniers représentent 3.45 °/₀, et à Mossamèdes 7.20 °/₀ des produits exportés, le surplus revient au pavillon portugais.

TABLEAU DU MOUVEMENT MARITIME DES PORTS DE L'ANGOLA EN 1877

	Navires entrés Loanda	Benguella	Ambriz	Mossamèdes	Total	Navires sortis Loanda	Benguella	Ambriz	Mossamèdes	Total
A voile Portugais	37	24	7	13	80	38	22	6	10	76
d° Étrangers	6	3	6	10	25	5	3	5	8	21
A vapeur Portugais	30	27	26	13	96	32	27	26	13	98
d° Étrangers	21	»	33	1	55	17	»	35	1	53
Tonnage en mètres cubes	47,893	36,596	47.064	18,265	149,818	47,747	35,735	48.564	17,623	149,669
Force des machines (chevaux)	7,305	4.888	8.095	2,472	23,660	7,209	4,888	9,267	2,472	23,836
Bouches à feu	75	41	90	26	232	71	38	91	12	212
Equipages	2,526	1,524	2,503	732	7,285	2,499	1,506	2,538	689	7,230
Malles	324	149	147	84	704	212	80	117	72	49
Passagers	1.271	330	178	345	2,124	1,910	269	157	191	2,527

Ces chiffres ne comprennent pas le cabotage qui, pour le seul port de Loanda, a été, en 1877, de 746 navires à l'entrée et 693 à la sortie, soit ensemble 1,439 navires, jaugeant 14,694 tonneaux, et portant 8,984 marins et 1,031 passagers.

Il est regrettable que le tonnage soit donné en bloc et qu'on ne renseigne pas les proportions du vide et du plein à l'entrée comme à la sortie; mais ces données statistiques n'existent pas.

Le port de Loanda est très sûr et bien abrité. Les plus gros bâtiments y trouvent un excellent ancrage à un demi-mille de l'île de Loanda. Le port de Benguella est moins sûr, il est exposé aux vents de S. O. jusqu'à Nord, qui sont assez doux, toutefois, dans ces parages. A Mossamèdes, il y a un excellent ancrage pour les gros navires à un quart de mille du rivage, au N. de la tour de Tombo.

La province d'Angola produit abondamment le coton, la canne à sucre, le sorgho, l'indigo, le riz, le café, les noix de coco et d'acajou, l'huile de palme, l'arachide, le blé, la gomme copal, le ricin, le tabac, le caoutchouc, l'ivoire, toutes les espèces de légumes, l'ananas, la banane, les fruits des diverses contrées de l'Europe et d'excellentes oranges. On trouve partout des bois précieux pour la menuiserie et les constructions, en grande quantité, ainsi que des matières animales d'un grand usage dans l'industrie. Le gros bétail y est fort nombreux; l'élevage des races chevalines y trouve des conditions favorables. Dans toute la province on rencontre une grande variété d'oiseaux, au plumage éclatant, qui sont fort estimés en Europe. La pêche est très productive sur toute la côte, ainsi que dans les nombreuses rivières; à Mossamèdes, principalement, il se fait un commerce considérable de poisson salé. L'industrie minière y est encore fort peu développée, quoique la province possède de riches et abondantes mines de houille, de pétrole, de bitume, de souffre, de sel, de salpêtre, de cuivre, de fer, de plomb, d'étain et même d'or.

Comme industries, la fabrication du tafia et du rhum, celle de l'huile de coco, de ricin; les salaisons de poissons et de viande, sont les seules qui s'y pratiquent. Tous les articles manufacturés d'Europe peuvent y trouver des débouchés.

TRANSPORTS TERRESTRES

Il y a fort peu d'animaux propres aux transports dans l'Angola; le cheval s'y reproduit bien et le gouvernement Portugais entretient une " manada " (haras) sur les bords du Dande pour la remonte des deux escadrons de cavalerie en garnison à Loanda; mais l'emploi du cheval est limité à quelques districts qui sont exempts de la visite de la mouche tsétsé. Le bœuf est aussi employé, mais pour la selle seulement, et son usage est, pour la même cause, aussi limité que celui du cheval. L'âne, le mulet et la chèvre, sont les seuls animaux qui n'aient rien à craindre de la tsétsé. Partout où ce sera possible, nous nous servirons du bœuf pour nos travaux agricoles, son emploi est fort économique, il coûte 25 à 35 francs d'achat et rencontre partout une nourriture abondante qui ne coûte rien; mais pour nos transports, c'est l'âne et le mulet que nous devrons employer et comme il en existe à peine quelques têtes dans la province, nous serons obligés de les importer pour le début. Nous en ferons ensuite la reproduction dans nos établissements: à Malenge pour les ânes et à Mossamèdes pour les mulets, points qui réunissent les conditions les plus favorables pour cet objet.

Nous trouverons aux Canaries et aux îles du Cap Vert des ânes et des mulets à des prix raisonnables; en Portugal également, quoiqu'ils y coûtent plus cher, et enfin, à la Plata, des mulets et des juments qu'on y trouve maintenant en grande quantité et à très bon marché. Un mulet coûte, aux îles du Cap Vert, 280 à 300 francs, et un âne de 45 à 60 francs; en Portugal, les mulets ordinaires valent de 4 à 600 francs, et les ânes de 70 à 100 francs; à la Plata, on peut avoir d'excellents mulets aux prix de 3 à 400 francs, ainsi que de belles juments pour la reproduction et c'est surtout de ce côté que nous devrons nous approvisionner. Aux Canaries et au Maroc, les ânes sont nombreux et à bas prix.

Actuellement, tous les transports s'effectuent à dos d'homme dans l'Angola ; on a construit des routes, mais avec la végétation extraordinaire de ce climat et n'étant pratiquées que par des piétons qui, selon l'usage des indigènes, se suivent à la file, elles ont été promptement envahies par les plantes et sont réduites à l'état de simples sentiers. Un chemin de fer de Loanda à Ambacca a été projeté et concédé en octobre 1874 à plusieurs habitants de la colonie qui avaient l'espoir de trouver des capitaux, en Europe, pour le construire; ils ont échoué et leur concession est aujourd'hui périmée. Les conditions en étaient du reste inacceptables ; il n'y avait aucune subvention accordée, mais en revanche on imposait des charges fort onéreuses. Depuis l'année dernière (1877), le gouvernement a envoyé une commission spéciale pour étudier ce chemin ; mais c'est, croyons-nous, pour donner une satisfaction à l'opinion, car les capitaux lui manquent pour faire cette construction qui exigerait une vingtaine de millions au moins et le budget est en déficit déjà d'un chiffre équivalent. Parlant de ce projet aux Cortès, le 2 mars 1876, le Ministre de la Marine exprimait l'opinion que ce chemin de fer réduirait le coût des transports *au quart* des prix actuels, soit à raison de 0 fr. 65 c. la tonne kilométrique. Ce dernier prix constituerait certainement un grand avantage sur ce qui existe, mais il serait encore trop élevé, et s'il pouvait tenter l'ambition d'un entrepreneur, celui-ci se tromperait et se ruinerait. Ce n'est pas que la matière transportable fasse défaut, elle est très abondante au contraire ; mais la quantité du trafic de ce chemin de fer est absolument subordonnée au tonnage des navires venant charger au port et ce nombre étant déjà insuffisant, de même que la colonie se trouvant trop éloignée des grands ports de commerce pour que des navires puissent s'y rendre, sur lest, afin d'y chercher un fret de retour, il n'y aurait d'autre moyen pour faire prospérer la ligne que de lui adjoindre une flotte spéciale, ce qui exigerait un capital presque équivalent à celui du chemin de fer lui-même, et l'ouverture de nouveaux débouchés commerciaux pour écouler les produits transportés. De plus, la nature même des choses rendrait toujours l'exploitation de ce chemin fort onéreuse vu l'inégalité du trafic dans les deux sens, une tonne en remonte contre 3 et même 4 en descente, ce qui force à remorquer un poids mort considérable dans le sens le moins productif et en rampe continue, l'altitude étant de 20 mètres à la mer et s'élevant progressivement jusqu'à 7 et 800 mètres à 200 kilomètres du port. Pour toute ces raisons, nous croyons que la construction de ce chemin de fer ne s'effectuera que dans un temps assez éloigné.

Notre projet résout la difficulté, en ce qui nous concerne. Nous commencerons par employer le portage par bât qui nous donnera déjà une grande supériorité sur le transport à dos d'homme, puis nous construirons un tramway très simple et d'un coût peu élevé qui nous procurera une nouvelle économie très importante. Ensuite nous utiliserons le vide de nos wagons en remonte pour opérer les déplacements de terres nécessaires à obtenir une voie bien nivelée, à côté du tramway, sur laquelle nous substituerons la traction à vapeur à celle des animaux et obtiendrons ainsi avec le temps, un véritable chemin de fer qui ne nous aura presque rien coûté pour son infrastructure. Nous n'aurons que la voie et le matériel roulant à fournir, et cela par sections successives, **au fur et à mesure** de l'accroissement du trafic et au moment où il représentera un tonnage suffisamment rémunérateur pour la section à transformer. De cette façon et en suivant toujours le même ordre pour avancer dans l'intérieur du continent : animaux de bât, tramway ensuite, puis chemin de fer, moyens qui correspondent à l'importance du trafic et au degré de civilisation des populations que nous voulons pénétrer, nous éviterons les immobilisations prématurées de capitaux qui viennent trop souvent charger les débuts d'une entreprise et nous n'exposerons jamais que le minimum des capitaux nécessaires pour réaliser le but recherché.

Ces constructions de tramway et de chemin de fer exécutées sans subvention aucune et sur terrain nous appartenant, seront notre propriété et ne profiteront qu'à nous ; nous exploiterons donc selon notre convenance, partant quand nous aurons de la charge et employant nos animaux à autre chose quand nous n'en aurons pas ; supprimant toute sujétion ou dépense inutile, c'est-à-dire dans les conditions économiques les plus parfaites. D'autre part, aucune concurrence ne peu nous atteindre, même dans le cas où le chemin de fer projeté s'exécuterait, car, ainsi qu'on le verra ci-après, nous resterons toujours fort au-dessous du tarif à 0 fr. 65 c. la tonne kilométrique pour nos transports et nos établissements situés au milieu des populations indigènes nous donneront sur elles une influence prépondérante contre laquelle on viendrait, en outre, se heurter. Nous n'aurons rien à redouter d'aucun côté.

Coût à dos d'homme. Ce mode de transport est régi par un règlement d'administration publique et placé sous la direction et la surveillances des agents du gouvernement.

Les négociants qui ont besoin de porteurs doivent s'adresser au chef de leur district et lui indiquer le nombre d'hommes, le poids et la destination de leurs charges. L'ordre est alors transmis aux Sobas (chefs indigènes) dont les territoires se trouvent sur le parcours, et qui sont assujétis à cette obligation, de fournir les hommes demandés. Ce genre de service est exécré des nègres dont beaucoup émigrent sur d'autres points pour s'y soustraire ; les Sobas du Tala-Mungongo et de Cassangó n'y sont pas astreints, et sur ces points les négociants doivent traiter de gré à gré avec les indigènes ce qui offre souvent des difficultés sérieuses, coûte fort cher et fait toujours perdre beaucoup de temps.

D'après le tarif, le poids de la charge d'un porteur (carregador) est de 16 arratéis (32 kil.).

Le prix de journée est de 150 réis pour l'homme et de 150 réis pour l'Etat, en compensation de l'entretien des routes, de la surveillance et de la police des caravanes, soit ensemble 300 réis ou 1 fr. 66 c. par homme et par jour. Des chargeurs obtiennent quelquefois que des hommes, d'une force exceptionnelle, prennent un supplément de charge moyennant une gratification personnelle, ce qui produit une petite économie sur l'ensemble, mais c'est très aléatoire et fort irrégulier, et nous ne pouvons tenir compte ici que des conditions du tarif.

La longueur de l'étape est très variable, elle se règle selon les difficultés du chemin, l'état de l'atmosphère et la fatigue des porteurs. Les conducteurs s'efforcent de stimuler les porteurs pour obtenir le plus long trajet ; mais comme on ne peut laisser de charges en arrière, ce sont les plus faibles qui font la loi et on arrive rarement à faire 20 kilomètres en un jour, la moyenne reste généralement entre 14 à 16 kilomètres.

En adoptant le maximum, soit 20 kilomètres par jour, il faut à 32 kilog. par homme, 31 1/4 porteurs pour une tonne de 1,000 kilogrammes.

Le coût de journée est donc $1.66 \times 31.25 = 51.875$ pour une tonne et par jour, et par kilomètre $\dfrac{51.875}{20} = 2.60$ la tonne kilométrique.

C'est un lourd tribut qui pèse sur le commerce et qui est encore augmenté par les avaries, les pertes et même les vols ; il entrave son développement dans l'intérieur, car les marchandises ne s'y vendent pas contre espèces, mais sont échangées contre les produits du pays qui doivent, à leur tour, supporter des frais de transports équivalents ; aussi plus l'on s'éloigne de la côte, plus le commerce est limité et restreint aux produits qui, sous un faible volume, représentent une grande valeur. Une grande partie des produits du sol ne peuvent être exploités et la valeur des autres diminue considérablement avec la distance du port, on peut donc être assuré de réaliser de grands bénéfices par l'emploi de moyens de transports plus économiques que celui de l'homme, le résultat est immanquable.

Coût par âne et par mulet, et par bât. Ces animaux sont très-robustes et résistent parfaitement aux plus fortes chaleurs, ils sont très faciles à nourrir et sont rarement malades.

Le mulet peut faire jusqu'à 48 et même 56 kilomètres par jour, mais on compte généralement sur une moyenne de 40 kilomètres, en 7 ou 8 heures, à la vitesse de 5 à 5,700 mètres à l'heure, avec une charge de 120 kil., plus son bât. Sur route, il traîne une charge utile de 700 kil., pendant 10 heures. Il peut développer le même effort que le cheval, soit 60 à 90 kil.

Pour tenir compte de toute éventualité, nous prenons seulement pour bases de calcul, le parcours à 35 kil. avec une charge de 100 kil.

1 tonne exige 10 mulets, plus 2 pour les conducteurs, ensemble 12 mulets.

$$12 \text{ mulets à } 600 \text{ francs l'un} = 7,200 \text{ »}$$
$$\text{Entretien, malades, etc., } 30°/_{o} \text{ du coût} = 2,160 \text{ » par an.}$$

A 260 jours seulement de travail effectif par an :

$$\text{la journée revient à,..} \quad \frac{2,160 \text{ »}}{260} = 8.31$$
$$\text{plus 2 conducteurs à..} \quad 1,50 \text{ l'un} = 3 \text{ »}$$
$$\text{Ensemble...} \quad 11.31 \text{ par tonne et par jour.}$$

Et par kilomètre, $\frac{11.34}{35} = 0.323$, disons 0.33, la tonne kilométrique.

L'âne peut faire 40 kilomètres, avec une charge de 80 à 90 kil. Pour le tirage, ses facultés sont moins connues, on l'y emploie fort peu.

Nous prenons bour base 35 kilomètres, avec une charge de 70 kil. seulement.

1 tonne demande 14 ânes, plus 2 pour les conducteurs, soit 16 ânes.

$$16 \text{ ânes à } 150 \text{ francs l'un} = 2.400 \text{ »}$$
$$\text{Entretien et amortissement } 30°/_{o} = 720 \text{ » par an}$$
$$\text{Travail, 260 jours} = \frac{720 \text{ »}}{260} = 2.77$$
$$2 \text{ conducteurs à } 1.50............ 3 \text{ »}$$
$$\text{Total......} \quad 5.77 \text{ par tonne et par jour.}$$

et par kilomètre, $\frac{5.77}{35} = 0.165$, disons 0,17 par tonne kilométrique.

Les mulets sont indispensables pour les labours, et pour porter certaines charges que leur volume rendrait incommodes pour l'âne. Ce dernier est fort utile pour la rentrée des récoltes, il passe dans les plus petits sentiers et entre les lignes des plantations, et c'est un excellent porteur.

Lorsque nous établirons le tramway, nous donnerons toute préférence aux mulets, et utiliserons les ânes sur les plantations et au portage; mais, pour nos débuts, nous nous proposons d'établir le portage par bât, en employant seulement 1/3 de mulets et 2/3 d'ânes, proportion qui satisfait aux exigences du travail et de l'économie.

Notre cavalerie ainsi composée, le coût de nos transports s'établirait ainsi :

$$1/3 \text{ mulets à........} \quad 0.33$$
$$2/3 \text{ ânes à } 0,17 = 0.34$$
$$\frac{0.67}{3} = 0.223, \text{ disons } 0,23 \text{ la tonne kilométrique.}$$

Et, comme nous l'avons fait pour les steamers, nous admettons le voyage à vide dans un sens, et plein dans l'autre, ce qui porte à 0.46 le coût de la tonne kilométrique.

On remarquera que nos conducteurs sont montés, ce qui leur donne la faculté de soulager ou remplacer une bête malade ou blessée, et que nous aurons toujours une certaine charge, 1/4 à 1/3 au moins, en remonte, qui représentera un chiffre de recettes assez important ; tout est donc prévu pour que le coût de 0.46 la tonne kilométrique puisse être accepté comme un maximum qui ne peut être dépassé.

Coût par tramway. Le tramway que nous projetons de construire, est dans le genre des porteurs Decauville, que tout le monde connaît, seulement nous le simplifions encore, de façon à ne pas dépasser un chiffre de 6,000 francs par kilomètre, pour son établissement. Nous ne pourrions faire un devis exact sans avoir relevé le profil du terrain, nous indiquerons seulement les bases suivantes :

Établissement de la voie. Rails. Nous adoptons un rail saillant de 7 kil. par mètre, soit 14 kil., par mètre de voie.

Montage. Le rail sera fixé sur une longrine en bois créosoté par des chevillettes enfoncées obliquement sur les côtés ; les longrines seront reliées entre elles, aux joints, par des plaques en fer, et par une traverse, pour consolider le cadre et maintenir l'écartement de la voie à 0 m. 60, largeur que nous adoptons. Les longrines auront 4 m. $\times$ 0.15 $\times$ 0.10 ; les traverses 1 m. 20 $\times$ 0.15 $\times$ 0.10 ; les plaques de joint, 0.15 $\times$ 0.01 $\times$ 0.05, du poids de 0 k. 175 ; les chevillettes pèseront 0 k. 300, et il en faudra 6 par mètre de voie, y compris les joints, soit 1 k. 800 par mètre courant de voie.

Terrassements. Nous nous bornerons à niveler sommairement l'assiette de la voie et à enterrer les traverses ; nous suivrons le profil du terrain, en admettant des rampes jusqu'à 0 m. 40, et contournerons les obstacles trop difficiles. La fouille, pour les traverses et leur bourrage, nécessitera environ 250 journées par kilomètre.

Travaux d'art. Ils se borneront à des tuyaux de poteries pour assainir la voie, des ponceaux et des ponts en bois, qui coûteront fort peu. La province possède plusieurs essences d'une grande durée dans l'eau ; le bois ne coûte que l'abatage et la façon, et tous les nègres se servent de la hache avec une très-grande habileté, débitant les plus gros arbres en planches de 0,005 d'épaisseur avec ce seul instrument.

Prix de revient d'un kilomètre de voie.

```
Rails ............     14 k. × 1.000 = 14,000 k. × 20  » =   2,800  »
Chevillettes......    6,000   × 0.300 =  1,800     × 40  » =    720  »
Plaques de joint..     500    × 0,175 =    87.50 × 22  » =    19.25
Longrines ..............................   500    ×  2  » =  1,000  »
Traverses...............................   250    × 1.10 =   275  »
                                                            ─────────
                                                            4,814.25
Main d'œuvre. Fouille et nivellement 250 j. × 0.90 = 225  »
Pose 12 hommes pour 100 mètres = 120 h. × 0.90 = 108  »
Direction, ouvrages d'art et imprévu................. 852 75
                                                     ──────── 1,185 75
                                       Coût total....   6,000  »
```

Les prix appliqués pour le matériel se détaillent ainsi :

	Rails.	Chevillettes.	Plaques de joint.	Longrines.	Traverses.
Prix d'achat....................	17 »	87 »	17 »	».75	».20
Frêt à 23 » la tonne..........	2.30	2.30	2.30	»	»
Perçage........................	»	»	2 »	»	»
Manutention...................,	».70	».70	».70	»	»
Créosotage....................	»	»	»	1.25	».90
Totaux,....	20 »	40 »	22 »	2 »	1.10

Le tramway de Sèvres, dont la voiture a 52 places, et pèse chargée 6,780 k., est tiré par 3 chevaux qui franchissent, sans renfort, une rampe de 0 m. 22 par mètre, avec un poids de 2,260 k. par cheval ; celui de Sèvres à Versailles a également une forte rampe de 0 m. 40 par mètre, que ses voitures remontent aussi sans renfort. Il faut observer que ces tramways roulent sur rails creux, qui nécessitent un effort de 6 k. 7 par tonne, tandis que nous emploierons le rail saillant, sur lequel l'effort est réduit à 5 kil. par tonne, et nous ajouterons que notre chemin est en pente dans le sens où la charge est complète, et en rampe dans celui où la charge n'est que de 1/4 à 1/3, ce qui rendra la traction plus facile.

Un cheval peut porter son effort, qui est ordinairement de 60 à 90 kil., jusqu'à 200 kil., pendant un instant, et on admet généralement, dans le service, qu'une rampe ne dépassant pas 50 mètres de longueur peut être enlevée au trot, par un coup de collier, sans ralentir l'allure. Pour une plus grande longueur, il faut mettre les chevaux au pas ou ajouter un renfort.

Nous marcherons à la vitesse de 10 à 12 kil. à l'heure, et dans les rampes trop dures, plusieurs voitures se suivant toujours, on doublera les attelages pour les franchir, ou on établira un renfort sur place si cette manœuvre devait faire perdre trop de temps.

En fixant à 60 kil. seulement l'effort du mulet, il pourrait traîner 12,000 kil. en palier droit, mais pour tenir compte des déclivités du parcours, nous réduirons cette charge au 1/6e, soit 2000 kil.

L'étape variera de 30 à 35 kilomètres par jour pour le mulet, et sera du double pour le wagon. Nos établissements étant espacés sur une longueur de 300 kilomètres, il y aura environ 10 relais dont 5 en dehors des établissements; pour gagner Cassengé, 6 autres relais seront nécessaires ensuite. Le coût d'établissement de ces relais sera peu élevé : une cubata (hutte indigène) pour le gardien, deux hangars pour abriter les animaux, et deux petites cabanes pour les conducteurs, le tout construit avec les matériaux et à la mode du pays, soit une dépense de 5 à 600 francs au plus. Le garde recevra une solde de 300 francs par an, et tiendra une cantine pour les conducteurs qui devront se nourrir eux-mêmes.

Tous les 5 kilomètres nous aurons, en plus, un cantonnier, pour surveiller la voie, qui coûtera le même prix.

Les wagons pèseront 500 kil. vides, et 2,000 kil. pleins, soit 1,500 kil. de charge utile; ils seront couverts, munis d'un frein et pouvant s'atteler par les deux bouts, pour éviter de les retourner; le siège et la barre d'attelage seront mobiles, afin de pouvoir les déplacer lorsque l'on changera la direction de la traction. Chaque wagon comporte un mulet et son conducteur.

Prix de revient. Le prix de revient se compose de deux éléments : l'un fixe, qui comprend le coût de la traction et du matériel; l'autre, variable, selon l'importance du trafic, comprenant les frais généraux, l'intérêt, l'entretien et l'amortissement de la ligne.

Traction = 1 mule coûte 600 » = Dépenses annuelles 40 °/° = 240 »

$$\text{Imprévu} \ldots \ldots 20\ » $$
$$\frac{\text{Ensemble} \ldots \ldots 260\ »}{\text{Temps de travail} \ldots \ldots 260\ \text{j.}} = 1\ \text{fr. par jour.}$$

1 wagon coûte 1,000 » avec le harnais.

$$\frac{\text{Intérêt 6 °/° et amortissement en 8 ans} = 161.05}{\text{Temps de travail} \ldots \ldots 260\ \text{j.}} = 0.62\ \text{par jour.}$$

1 mulet transporte 1,500 kilos de charge utile à 30 kilomètres et nécessite un conducteur.

Le wagon porte 1,500 kilos utiles à 60 kilomètres.

$$1\ \text{tonne représente} : \frac{0.66\ \text{de mulet}}{30\ \text{kilomètres.}} = 0.022\ \text{mulet pour 1 kilomètre.}$$

$$\text{et même chiffre} = 0.022\ \text{conducteur} \quad \text{d}°$$

$$\frac{0.66\ \text{de wagon}}{60\ \text{kilomètres.}} = 0.011\ \text{wagon} \quad \text{d}°$$

La traction d'une tonne, à 1 kilomètre, coûtera donc :

```
Mulets........  0.022
10 °/° en plus pour malades.  0.0025
     Ensemble....  0.0245 × 1  » = 0.0245 et double = 0.049 avec remonte à vide.
     Conducteur...  0.022 × 1.50 = 0.033     d°     = 0.066     d°     d°
     Wagon......  0.011
10 °/° en plus pour réparations.  0.0015
     Ensemble....  0.0125 × 0.62 = 0.00775   d°     = 0.0155
     Totaux. Coût simple............  0.06525 et double  0.1305
```

Frais Généraux. — La ligne coûte de construction par kilomètre............ 6.000 »

Intérêts 6 °/. et amortissement en 8 ans..... 960.25

Direction, relais et divers................. 533.75

Soit par an et par kilomètre.. 1,500 »

La Compagnie des omnibus, dont la voie coûte 19,810 », ne compte que 2,354 » par an et par kilomètre, pour l'entretien. la surveillance, les renouvellements et le nettoyage des rails. Dans ce prix, qui s'applique à la partie de la ligne établie entre les fortifications et le rond-point de Boulogne, sur laquelle la circulation est des plus actives, se trouve aussi compris l'entretien de la moitié de la chaussée qui lui incombe, selon son cahier des charges; nous n'atteindrons certainement pas au chiffre de 1,500 francs, qui peut être considéré comme un maximum.

Cette dépense est à répartir sur le tonnage transporté, et le chiffre de répartition sera d'autant plus faible, que celui du tonnage se trouvera plus élevé. Le tonnage du tramway étant subordonné à celui des steamers, nous nous baserons sur ce dernier pour dresser le tableau ci-après, donnant le coût complet d'une tonne transportée à 1 kilomètre, et, comme nous avons doublé le prix de traction, nous mettons, dans deux colonnes, à la suite, ce que ce prix deviendra quand nous aurons un tiers, ou seulement un quart de charge en remonte, ainsi qu'il arrivera dans la pratique, afin de montrer toute l'économie de notre organisation.

Un steamer de 2,000 tonnes, à 4 voyages par an, représente 8,000 tonnes.

Nombre de steamers.	Tonnage.	Frais à répartir. Somme fixe.	Coût d'une tonne (retour à vide).			Coût d'une tonne	
			Frais généraux.	Traction.	Total.	avec 1/4 en remonte.	avec 1/3 en remonte.
1	8,000	1,500	0.1875	0.1305	0.3180	0.2385	0,2120
2	16,000	d°	0.0938	0.1305	0.2243	0.1688	0.1496
3	24,000	d°	0.0625	0.1305	0.1930	0.1448	0.1287
4	32,000	d°	0.0469	0.1035	0.1774	0.1331	0.1183
5	40,000	d°	0.0375	0.1305	0.1680	0.1260	0.1120
6	48,000	d°	0.0313	0.1305	0.1628	0.1221	0.1076
7	56,000	d°	0.0268	0.1305	0.1573	0.1180	0.1049

Lorsque le tonnage atteindra 50,000 tonnes, la rémunération sera suffisante pour substituer le chemin de fer au tramway, il est donc inutile de pousser plus loin les calculs.

Devis du matériel. Nous admettons deux hypothèses : la première, avec exécution à 100 kilomètres par an, pour que tous nos établissements soient reliés à la côte en 3 ans, et atteindre Cassengé, sur le Quango, dans les deux années suivantes, soit 5 ans pour l'exécution complète du tramway à la frontière du pays noir ; la seconde, avec exécution, en 3 ans, jusqu'à Cassengé, soit 166,6 kilomètres par an, qui exigerait un capital beaucoup plus fort que celui que nous avons prévu, mais qui permettrait de prendre possession du fleuve Congo, à la fin de la quatrième année, tandis que nous n'y arriverions que la septième année en suivant notre projet primitif.

La dépense en mulets est 0.049 $\times$ 600 » = 29.40 par tonne kilométrique

Celle des wagons est 0.025 $\times$ 1,000 » = 25 » d°

Elles sont proportionnées au tonnage des steamers et à la moyenne du parcours.

Nous adoptons, pour cette moyenne : 100 k. pour 100 k. la 1re année.

150 » » 200 » 2e »

200 » » 300 » 3e »

250 » » 400 » 4° »

300 » » 500 » 5e année et les suivantes.

Chaque steamer donnant 8,000 tonnes, $\dfrac{8,000 \text{ t.}}{260 \text{ j.}} = 30$ t. 6 par jour. Nous comptons 31 tonnes.

Il faudra donc, par chaque steamer nouveau, pour transporter 31 tonnes :

	En mulets.		En wagons.	
A 100 kilomètres	29.40 × 100 = 2,940 » × 31 = 91,140 »		25 » × 100 = 2,500 » × 31 = 77,500 »	
A 150 —	29.40 × 150 = 4,410 » × 31 = 136,710 »		25 » × 150 = 3,750 » × 31 = 116,250 »	
A 200 —	29.40 × 200 = 5,880 » × 31 = 182,280 »		25 » × 200 = 5,000 » × 31 = 155,000 »	
A 250 —	29.40 × 250 = 7,350 » × 31 = 227,850 »		25 » × 250 = 6,250 » × 31 = 193,750 »	
A 300 —	29.40 × 300 = 8,820 » × 31 = 273,420 »		25 » × 300 = 7.500 » × 31 = 232,500 »	

On multipliera ces chiffres par le nombre de steamers, pour contrôler notre tableau, en remarquant, toutefois, que nous arrondissons les fractions.

Nous comprenons dans la sixième année, pour le matériel destiné à atteindre le fleuve Congo :

1° Pour le tramway..	600,000	»
2° Pour les vapeurs fluviaux..............................	1,200,000	»
3° Pour les factoreries et l'imprévu 18 °/.	925,000	»
Soit une dépense totale de..........	2,125,000	»

1re hypothèse. — TABLEAU DES DÉPENSES

Années.	Steamers.		Voie ferrée et matériel du fleuve.	Mulets.		Wagons.		Total par année.
	Nombre.	Sommes.		Nombre.	Sommes.	Nombre.	Sommes.	
1e	1	1,150,000 »	600,000 »	152	91,200 »	77	77,000 »	1,918,200 »
2e	»	»	600,000 »	76	45,600 »	39	39,000 »	684,600 »
3e	»	»	600,000 »	76	45,600 »	20	20.000 »	665,600 »
4e	1	1,150,000 »	600,000 »	455	273,000 »	250	250,000 »	2,273,000 »
5e	1	1,150,000 »	600,000 »	607	364,200 »	310	310,000 »	2,424,200 »
6e	1	1,150,000 »	2,125.000 »	456	273,600 »	233	233,000 »	3,781,600 »
7e	»	»	»	»	»	»	»	»
8e	1	1,150,000 »	»	456	273,600 »	233	233,000 »	1,656,600 »
9e	»	»	»	»	»	»	»	»
10e	1	1,150,000 »	:	456	273,600 »	233	233,000 »	1,656,600 »
11e	»	»	»	»	»	»	»	»
12e	1	1,150,000 »	»	456	273,600 »	233	233,000 »	1.656,600 »
Totaux........	7	8,050,000 »	5,125,000 »	3.190	1,914,000 »	1,628	1,628,000 »	16.717,000 »

Ces chiffres peuvent empiéter d'une année sur l'autre; la construction du tramway peut se trouver un peu retardée, comme il est possible que le deuxième steamer soit nécessaire dès la troisième année ; nous avons suivi une progression très prudente, que nous croyons bonne, il faut que tous nos établissements soient reliés pour développer le commerce et ouvrir les relations avec les indigènes ; à ce moment le trafic croîtra pendant plusieurs années successives, puis l'accroissement annuel deviendra forcément plus lent. Le commerce, avec le fleuve Congo, pourra augmenter beaucoup nos prévisions, mais nous n'avons pas voulu forcer; si le cas se présente, nous serons, à cette époque, dans une situation prospère qui nous permettra de faire face à tous les besoins.

En suivant la progression que nous indiquons pour nos travaux, nous n'engageons que très peu de capitaux au début, et notre personnel a le temps de se former, de connaître le pays et d'en prendre l'expérience, ce qui nous donne toute garantie pour l'exécution des travaux ultérieurs, et une grande sécurité pour le bon emploi de nos capitaux.

Voici maintenant le tableau des dépenses pour l'exécution du tramway, en 3 ans, si on désire l'entreprendre, en raison de la haute importance qu'offre la prise de possession du fleuve Congo.

Le parcours moyen est de 166 kil., pour la première année ; 250 kil., pour la deuxième, et 300 kil., pour les années suivantes.

2ᵉ *hypothèse*. — TABLEAU DES DÉPENSES

| Années | Steamers | | Voie et matériel du fleuve | Mulets | | Wagons | | Total par année |
	Nombre	Sommes		Nombre	Sommes	Nombre	Sommes	
1ʳᵉ	1	1,150,000 »	1,000.000 »	252	151,200 »	128	128,000 »	2,429,200 »
2ᵉ	»	»	1,000,000 »	111	66,600 »	67	67,000 »	1,133,600 »
3ᵉ	1	1,150,000 »	1,000,000 »	547	328,200 »	270	270,000 »	2,748,200 »
4ᵉ	1	1,150,000 »	2,125,000 »	456	273,600 »	232	232,000 »	3,780,600 »
5ᵉ	1	1,150,000 »	»	456	273,600 »	232	232,000 »	1,655,600 »
6ᵉ	1	1,150.000 »	»	456	273,600 »	233	233,000 »	1,656,600 »
7ᵉ	»	»	»	»	»	»	»	»
8ᵉ	1	1,150,000 »	»	456	273,600 »	233	233,000 »	1,656,600 »
9ᵉ	»	»	»	»	»	»	»	»
10ᵉ	1	1,500,000 »	»	450	273,600 »	233	233.000 »	1.656,600 »
	7	8,050,000 »	5,125,000 »	3,190	1,914.000 »	1,628	1.628,000 »	16,717,000 »

Occupant plus de terrain chaque année, le trafic augmente en proportion dans les premières années, puis nous arrivons à la période de ralentissement, comme dans la première hypothèse. Pour les mêmes motifs, nous obtenons les mêmes résultats en 10 ans, au lieu de 12. Voici maintenant la comparaison des dépenses annuelles :

| Années | Dépenses annuelles | | Différences | |
	1ʳᵉ hypothèse	2ᵉ hypothèse	en plus	en moins
1ʳᵉ	1,918,200 »	2,429.200 »	511,000 »	»
2ᵉ	684,600 »	1,133,600 »	449,000 »	»
3ᵉ	685,600 »	2.748,200 »	2.082,600 »	»
4ᵉ	2,273,000 »	3,780,600 »	1,507,600 »	»
5ᵉ	2,424,200 »	1,655,600 »	»	768,600 »
6ᵉ	3,781,600 »	1,656,600 »	»	2,125,000 »
7ᵉ	»	»	»	»
8ᵉ	1,656,600 »	1,656,600 »	»	»
9ᵉ	»	»	»	»
10ᵉ	1,656,600 »	1,656.600 »	»	»
11ᵉ	»	»	»	»
12ᵉ	1.656.600 »	»	»	1,656,600 »
Totaux....	16.717,000 »	16.717.000 »	4,550,200 »	4.550,200 »

Dans la première hypothèse, les bénéfices des cultures et du commerce, qui augmentent chaque année, nous permettent de faire face à toutes les dépenses, tout en réservant une rémunération satisfaisante au capital social ; les grosses dépenses de la cinquième et sixième année coïncident avec l'entrée en rapport des plantations de caféiers, qui viendront nous apporter un fort contingent de profits. Le caféier commence à produire dès la troisième année, mais ne donne une récolte complète que la cinquième année. Dans la deuxième hypothèse, les dépenses des premières années sont trop fortes pour que nous puissions les couvrir avec nos bénéfices, et comme le fonds de roulement doit être proportionné à l'importance du trafic, il faudrait augmenter le chiffre de notre capital de 5,000,000.

La construction annuelle doit être exécutée pendant la saison sèche, du mois de mai au mois d'octobre, c'est-à-dire en 100 ou 120 jours. Dans la première hypothèse, un atelier de 500 hommes, y compris les conducteurs de wagons, peut suffire, dirigé par un ingénieur et deux conducteurs de travaux ; dans la deuxième, il faudrait porter cet atelier à 750 hommes, et ajouter un conducteur de travaux. Il n'y a pas de difficultés de ce côté, seulement l'exécution des travaux deviendrait un peu plus compliquée, tous les matériaux étant transportés sur la voie, qui est simple, dès qu'elle est posée.

De Loanda à Porto de Lucalla (Ambacca), sur 220 kil. environ, le terrain n'offre aucune difficulté ; entre ce dernier point et Malange, il y a une zone montagneuse de 15 à 20 kil. à traverser qui obligera à des détours ; de Malange au Tala Mungongo, pas d'obstacles, mais à ce dernier point se trouve une montagne escarpée, de 400 mètres de hauteur, qu'il faut descendre pour atteindre la vallée de Cassongé ; c'est le seul point difficile de la ligne.

APPLICATIONS ET COMPARAISONS

Transports maritimes. Le coût du frêt pour une tonne d'importation est de :

Au tarif portugais : 124.11, et au tarif français : 26.80

La valeur moyenne d'une tonne d'importation étant d'environ 2,500 francs, le frêt augmente donc ce prix de :

Au tarif portugais : 4.964 °/₀ ; au tarif français : 1.07 °/₀ ; différence, 3.90 °/₀, en notre faveur.

Pour l'exportation, le coût moyen du frêt sur les produits les plus courants, peut s'évaluer comme suit :

Produits	Prix de vente en Europe	Coût du frêt Portugais	Coût du frêt Français — Au tarif doublé	Coût du frêt Français — Avec 1/4 chargement à l'aller	Coût du frêt Français — Avec 1/3 chargement à l'aller
Coton	1,400 »	217.17	122,22	91,67	81.48
Café	1,600 »	108.90	61.12	45.84	40.75
Cacao	1.300 »	113.01	78.57	58.93	52.38
Cire	1,800 »	133.90	61.12	45.84	40.75
Totaux	6,100 »	572.92	323.03	242.28	215.36
Moyenne par tonne	1,520 »	143.24	80.75	60.57	53.84
Le coût du frêt représente		9.42 °/₀	5,31 °/₀	3,98 °/₀	3.54 °/₀ de la

valeur du prix de vente.

Ces différences produisent les résultats suivants sur une tonne d'importation qui, à l'échange, équivaut à 3 tonnes d'exportation environ.

3 tonnes d'exportation à 1,520 francs l'une = 4,560 francs.

Dont il faut déduire pour frêt :

	Tarif Portugais	Tarif Français — Au tarif doublé	Tarif Français — Avec 1/4 chargement à l'aller	Tarif Français — Avec 1/3 chargement à l'aller
Sur l'importation :	2,500 » à 4.964 °/₀ = 124.10	2,500 » à 1.07 °/₀ = 26.80	2,500 » à 1.07 °/₀ = 26.80	2,500 » à 1.07 °/₀ = 26.80
Sur l'exportation :	4.560 » à 9.42 °/₀ = 429.72	4,560 » à 5.31 °/₀ = 242.25	4,560 » à 3.98 °/₀ = 181.71	4,560 » à 3.54 °/₀ = 161.52
Totaux	553.82	269.05	208.51	188.32
Différences avec le tarif Portugais		284.77	345.31	365 50
Ce qui représente sur 2,500 », valeur de la tonne d'importation donnée en échange		11.39 °/₀	13.81 °/₀	14.62 °/₀

à notre profit et sur le frêt seul.

Transports terrestres. Coût du transport d'une tonne :

Distances	A dos d'homme — Prix	Par bât — Prix	Par bât — Différence	Par tramway, Tarif à 0.24 — Prix	Par tramway, Tarif à 0.24 — Différence	Par tramway, Tarif à 0.12 — Prix	Par tramway, Tarif à 0.12 — Différence
A 1 kilomètre.	2,60	0.46	2.14	0,24	2.36	0.12	2.48
A 20 »	52 »	9.20	42.80	4.80	47.20	2.40	49.60
A 30 »	78 »	13,80	64.20	7.20	70.80	3.60	74.40
A 50 »	130 »	23 »	107 »	12 »	118 »	6 »	124 »
A 100 »	260 »	46 »	214 »	24 »	236 »	12 »	248 »
A 200 »	520 »	92 »	428 »	48 »	472 »	24 »	496 »
A 300 »	780 »	138 »	642 »	72 »	708 »	36 »	744 »
A 400 »	1,040 »	184 »	856 »	96 »	944 »	48 »	992 »
A 500 »	1,300 »	230 »	1,070 »	120 »	1,180 »	60 »	1,240 »

Le coût du transport augmente ou diminue le prix d'une tonne de marchandise proportionnellement à la valeur de cette dernière, et à la distance parcourue.

La tonne d'importation, que nous avons estimée à 2,500 francs, serait donc augmentée de :

Distances	A dos d'homme	Par bât		Par tramway			
				Tarif à 0.24		Tarif à 0.12	
	Augmentation	Augmention	Différence	Augmentation	Différence	Augmentation	Différence
A 1 kilomètre.	0.104°/₀	0.0184°/₀	0.0856°/₀	0.0096°/₀	0.0944°/₀	0.0048°/₀	0.0092°/₀
A 20 »	2.08 °/₀	0.368 °/₀	1.712 °/₀	0.192 °/₀	1.888 °/₀	0.096 °/₀	1.984 °/₀
A 30 »	3.12 °/₀	0.552 °/₀	2.568 °/₀	0.288 °/₀	2.832 °/₀	0.144 °/₀	2.975 °/₀
A 50 »	5.20 °/₀	0.920 °/₀	4.280 °/₀	0.480 °/₀	4.720 °/₀	0.240 °/₀	4.960 °/₀
A 100 »	10.40 °/₀	1.84 °/₀	8.56 °/₀	0.96 °/₀	9.44 °/₀	0.48 °/₀	9.92 °/₀
A 200 »	20.80 °/₀	3.68 °/₀	17.12 °/₀	1.92 °/₀	18.88 °/₀	0.96 °/₀	19.84 °/₀
A 300 »	31.20 °/₀	5.52 °/₀	25.68 °/₀	2.88 °/₀	28.32 °/₀	1.94 °/₀	29.76 °/₀
A 400 »	41.60 °/₀	7.36 °/₀	34.24 °/₀	3.84 °/₀	37.76 °/₀	1.92 °/₀	30.68 °/₀
A 500 »	52 » °/₀	9.20 °/₀	42.80 °/₀	4.80 °/₀	47.20 °/₀	2.40 °/₀	49.60 °/₀

La valeur moyenne de la tonne d'exportation, évaluée 1,520 francs, serait également réduite de :

Distances	A dos d'homme	Par bât		Tarif à 0.24		Tarif à 0.12	
A 1 kilomètre.	0.171°/₀	0.0302°/₀	0.1408°/₀	0.0158°/₀	0.1552°/₀	0.0079°/₀	0.163 °/₀
A 20 »	3.42 °/₀	0.604 °/₀	2.816 °/₀	0.316 °/₀	3.104 °/₀	0.158 °/₀	3.262 °/₀
A 30 »	5.13 °/₀	0.906 °/₀	4.224 °/₀	0.474 °/₀	4.656 °/₀	0.237 °/₀	4.893 °/₀
A 50 »	8.55 °/₀	1.51 °/₀	7.04 °/₀	0.79 °/₀	7.76 °/₀	0.395 °/₀	8.155 °/₀
A 100 »	17.10 °/₀	3.02 °/₀	14 08 °/₀	1.58 °/₀	15.52 °/₀	0.79 °/₀	16.31 °/₀
A 200 »	34.20 °/₀	6.04 °/₀	28.16 °/₀	3.16 °/₀	31.04 °/₀	1.58 °/₀	32.62 °/₀
A 300 »	51.30 °/₀	9.06 °/₀	42.24 °/₀	4.74 °/₀	46.56 °/₀	2.37 °/₀	48.93 °/₀
A 400 »	68.40 °/₀	12.08 °/₀	56.32 °/₀	6.32 °/₀	62.08 °/₀	3.16 °/₀	65.24 °/₀
A 500 »	85.50 °/₀	15.10 °/₀	70.40 °/₀	7.90 °/₀	77.60 °/₀	3.95 °/₀	81.55 °/₀

Ainsi qu'on en peut juger, l'organisation de nos transports nous assure des avantages considérables, qui nous permettent de ne redouter aucune concurrence.

Pour en faire mieux saisir toute l'importance, nous établissons les calculs pour une opération complète d'une tonne d'importation échangée contre 3 tonnes d'exportation.

Le coût du transport sur terre, variant avec les distances, nous ferons d'abord le compte des dépenses qui sont fixes, auxquelles nous ajouterons un chiffre de 5 °/₀, pour tenir compte des frais généraux, et obtenir un résultat aussi rapproché que possible de la réalité.

DÉPENSES FIXES

| | Frêt Portugais | | Frêt Français | | | |
			doublé	avec chargement 1/4 à l'aller		avec chargement 1/3 à l'aller
Coût d'une tonne importation.......	2,500 »		2,500 »		2,500 »	2,500 »
Frêt de cette tonne.................	124.11		26.80		26.80	26.80
Frêt à 3 tonnes exportations à 148.24	420.72	à 80.75..	242.25	à 60.57..	181.71	à 53.84.. 161.52
Frais généraux 5 °/₀................	228 »		228 »		228 »	228 »
Totaux.....	3,281.82		2,997.05		2,936.51	2,916.32
La valeur des 3 tonnes exportation étant	4,560 »		4,560 »		4,560 »	4,560 »
Reste libre sur cette valeur.........	1,278.12		1,562.95		1,623.49	1,643.68

dont il faut déduire le coût du transport sur terre d'une tonne d'importation et de 3 tonnes d'exportation, ensemble 4 tonnes, qui varie selon la distance parcourue.

DÉPENSES MOBILES ET RÉSULTATS

Distances	Coût par l'homme			Coût par Bât			Coût par Tramway					
							Tarif à 0.24			Tarif à 0.12		
	Prix des 4 tonnes	Bénéfice de l'opération	Proportion sur 2,500	Prix des 4 tonnes	Bénéfice de l'opération	Proportion sur 2,500	Prix des 4 tonnes	Bénéfice de l'opération	Proportion sur 2,500	Prix des 4 tonnes	Bénéfice de l'opération	Proportion sur 2,500
Valeur restante....	»	1,278.12	»	»	1,562.95	»	»	1,623.49	»	»	1,643.68	
à 20 kil....	208	» 1,070.12	42.80°/.	36.80	1,526.15	62.24°/.	19.20	1,604.29	64.17°/.	9.60	1.634.08	65.36°/.
Différences.						19.44°/.			21.37°/.			22.56°/.
à 30 kil....	312	» 966.12	38.65°/.	55.20	1,507.75	60.31°/.	28.80	1,594.69	63.76°/.	14.40	1,629.28	65.17°/.
Différences.						21.66°/.			25.13°/.			26.52°/.
à 50 kil....	520	» 758.12	30.32°/.	92	» 1,470.95	58.84°/.	48 »	1,575.49	63.02°/.	24 »	1,619.68	64.78°/.
Différences.						28.52°/.			32.70°/.			34.46°/.
à 100 kil...	1,040	» 238.12	9.52°/.	184	» 1,378.95	55.15°/.	96 »	1,527.49	61.10°/.	48 »	1,595.68	63.82°/.
Différences.						45.63°/.			51.58°/.			54.30°/.
à 200 kil...	2,080	» Perte	Perte	368	1,194.95	47.76°/.	192 »	1,431.49	57.28°/.	96 »	1,547.68	61.90°/.
Différences.						55.87°/.			65.33°/.			73.98°/.
à 300 kil...	3,120	» d°	d°	552	» 990.95	39.63°/.	288 »	1,335.49	53.42°/.	144 »	1,499.08	59.98°/.
Différences.						113.31°/.			127.09°/.			133.66°/.
à 400 kil...	4,160	» d°	d°	736	x 826.95	34.48°/.	384 »	1,239.49	49.57°/.	192 »	1,451.68	58 06°/.
Différences.						148.34°/.			164.85°/.			173.84°/.
à 500 kil...	5,200	» d°	d°	920	» 642.95	25.71°/.	480 »	1,148.49	45.74°/.	240 »	1,403.68	56.14°/.
Différences.						197.65°/.			202.59°/.			212.99°/.

Le transport par bât nous laisse un important avantage sur tous les points, mais ce mode de transport ne doit être usité que pendant la construction du tramway, et la comparaison doit se faire entre le transport par homme et celui par tramway, tarif à 0,24, pour se rendre un compte exact de la situation.

Il en résulte, qu'à 50 kilomètres, nous pourrions supprimer tout bénéfice pour nos concurrents, tout en conservant 32.70 °/₀ pour nous; à 20 kilomètres même, il nous resterait encore 21.37 °/₀ de bénéfice, ce qui démontre qu'aucune concurrence n'est possible contre nous.

Nous avons poussé les calculs jusqu'à 500 kilomètres, pour faire voir combien l'augmentation de la distance parcourue accroît les différences à notre profit, et démontrer qu'elles doivent forcément nous assurer le monopole du commerce de la contrée traversée, de même que celui de l'intérieur du continent.

Mais, dans ces calculs, nous supposons que nous payons le même prix sur tous les points, ce qui ne se produira pas, car partout où la distance rend la concurrence impossible, nous pourrons faire nos achats à des prix bien inférieurs.

Comme bases, nous pourrons prendre le rendement de nos cultures par hectare, et payer les produits de façon à couvrir le coût de main-d'œuvre de l'homme, avec une légère plus-value, selon la qualité, pour encourager les indigènes soigneux. Les nègres n'ont ni frais généraux, ni loyer de la terre, ni impôts à payer, et le travail de l'homme, en dehors des contrats de louage, réglementés et tarifés par le gouvernement portugais, n'a pas de valeur régulière. En fixant la valeur des produits sur les bases ci-dessus, nous en donnerons une au travail de l'homme, et c'est un point très important, car le noir, connaissant d'avance ce que peut lui rapporter la culture d'une étendue de terrain donnée, sera plus disposé à l'entreprendre que dans l'état actuel où il ignore le prix auquel il pourra vendre, et même s'il trouvera acheteur. C'est à cette incertitude qu'il faut attribuer la paresse, plus apparente que réelle, des nègres, et en la faisant cesser, on peut être certain que le plus grand nombre des indigènes se mettront à cultiver leurs terres, ou tout au moins les feront cultiver par leurs femmes, dont beaucoup même augmenteront le nombre pour avoir plus de profit. Ce résultat est certain.

Pour donner un exemple de ce que l'on peut faire, sous ce rapport, dans l'Angola, nous donnons, ci-après, les calculs d'une opération d'une tonne pour trois produits de grand écoulement : le coton, le café et le blé.

Le coton vient partout, mais la région littorale lui est la plus favorable, et la distance moyenne du parcours est de 150 kilomètres au maximum. Le café se rencontre jusqu'au sommet du Tala Mungongo ; dans le district du duc de Braganza, il est tellement abondant, que les nègres y coupent les caféiers pour construire et pour brûler, faute de pouvoir exporter ; mais c'est dans le Cazengo qu'on l'exploite actuellement sur une grande échelle, aussi, pour tenir compte de ces circonstances, nous fixerons le parcours à 250 kilomètres. Le blé ne vient bien que dans la troisième région, dite des hauts plateaux, dont l'altitude varie de 600 à 1,000 mètres, à la distance de 300 kilomètres environ.

Le coût d'un homme, selon le règlement public du 15 juillet 1876, s'élève à :

Tarif A.

Contrats avec salaire, nourriture et vêtements. Durée maximum de l'engagement : 5 ans.

							Pour l'année
Hommes et femmes :	Ration journalière	Réis.	45 =	Fr. 0.25	× 365 =		91.25
	Salaire mensuel	d°	1,240 =	6.94	× 12 =		83.33
						Total....	174.58
Mincurs de 15 à 21 ans :	Ration journalière	Réis.	45 =	Fr. 0.25	× 365 =		91.25
	Salaire mensuel	d°	800 =	4.44	× 12 =		53.33
						Total....	144 58

Vêtements :

Hommes : 3 vêtements de cotonnade par an et 1 camisole de laine pour l'hiver. Coût : 13 à 15 fr.

Femmes : 4   d°   d°   d°   12 à 14 fr.

Mincurs ; les mêmes quantités selon les sexes.

En comptant les vêtements au maximum, le coût complet par an est de :

Adultes, hommes et femmes...... 189.58

Mineurs, garçons et filles......... 159.58

Nous calculerons, avec la plus-value pour qualité...... 200 »

Le nombre des jours de travail étant d'environ 260 pour l'année, la journée de travail ressort à :

0.729, disons 0.73 pour les adultes.

0.616, » 0.62 pour les mineurs.

0.769, » 0.77 avec la plus-value de qualité.

Dans l'intérieur et dans le Sud, à Mossamèdes, on traite à des prix moins élevés, la ration journalière est seule maintenue à 45 réis ou 0 fr. 25 par jour.

La culture du coton et sa récolte demandent 240 à 250 journées pour 1 hectare, qui produit de 500 à 600 kilos. Nous prendrons 260 jours................................. 200 »
pour le coût de l'hectare et une production de 500 kilos. Il restera encore 1,166 kilos de graines dont le noir pourra tirer parti.

En plus du coût d'achat, nous aurons l'emballage, soit :

Main-d'œuvre pour 5 balles............ » 90

Toile et fil......................... 5 »

Entretien et amortissement de la presse. » 20

Manipulations diverses............... 3 60

Coût d'un hectare.... 209 70

Et pour 1 tonne : Achat $\dfrac{209.70 \times 1000}{500 \text{ k}^{os}} =$ 419.40

Tramway, 150 kil. $\times 0.24$ .... 36 »

Chargement à bord.................... 2 »

Droit de sortie à 1 °/₀.................... 4.20

Frêt pour le Havre 122.25

Déchargement et magasinage .... 5 »

Assurance 6 °/₀ sur 1,400 » ...... 84 »

Frais généraux 5 °/₀ d° ...... 70 »

6 mois de terme 3 °/₀ d° ...... 42 »

Coût complet d'une tonne 780.85

Prix de vente minimum .... 1,400 »

Bénéfice.... 619.15 ou 79.29 °/.

Le prix d'achat étant payé en marchandises sur lesquelles nous aurons plus de 20 °/. de bénéfice (à 20 kil., la différence du coût de transport nous donne déjà plus de 21 °/.), soit donc minimum 20 °/. sur 419.20...................... 83.83

Ce qui portera le bénéfice à...... 703.03 ou 90.03 °/₀ à la tonne.

Le **café** produit selon l'altitude de 0 kil. 750 à 3 kilos par pied, nous prendrons 1 kilo par pied, soit 900 kilos à l'hectare. La culture et la récolte d'un hectare nécessitent deux hommes à 200 francs, soit 400 francs.

Coût d'une tonne :

Achat : $\dfrac{400 \text{ » } \times 1,000}{900 \text{ k.}} =$ .... 445 »

Triage et classement .... 20 »

20 sacs à 1.25................................. 25 »

Manutentions diverses.................... 5 »

Tramway, 250 kil. $\times 0.24$ .... 60 »

Chargement à bord.................... 3 »

Droits de sortie.................... 55,55

Frêt pour le Havre 61.15

Déchargement et magasinage.................... 10 »

Assurance 6 °/. sur 1,600 ».................... 96 »

Frais généraux 5 °/. d° ...... 80 »

6 mois de terme 3 °/. d° ...... 48 »

Coût total......... 908.70

Prix de vente minimum...... 1.600 »

Bénéfice.......... 691.30 ou 76.07 °/.

Achat en marchandises : 20 °/. sur 445 »... 89 »

Bénéfice total... 780.30 ou 85.87 °/.

Le **blé** se récolte trois mois à trois mois et demi après qu'il a été semé ; il n'est cultivé que par quelques Portugais et pour leur usage, car le transport par l'homme n'en permet pas l'exportation. Les noirs ne s'en occupent pas encore, mais se mettraient à sa culture s'ils y trouvaient avantage. On affirme qu'il donne 25 à 30 hectolitres et même plus à l'hectare, mais nous n'avons pu le vérifier ; cela ne nous étonnerait pas cependant, vu la fertilité excessive de cette contrée. Le grain est superbe, très gros et très lourd ; la farine qu'il produit est de qualité supérieure. Sa culture ne demande que très peu de main-d'œuvre, nous lui attribuerons 120 jours de travail à 0.77 = 92.40, chiffre un peu fort peut-être, et un rendement de 22 hectolitres seulement, du poids de 90 kilos, soit 1,980 kilos pour un hectare.

Coût d'une tonne :

$$\text{Achat :} \quad \frac{92.40 \times 1,000}{1,980\ k.} = \dots \qquad 47.20$$

Manutentions diverses	5 »
Tramway, 300 k. × 0.24.....	72 »
Chargement à bord................................	3 »
Droits de sortie à 1 °/............	1.25
Frêt pour le Havre.........'.....................	55 »
Déchargement et magasinage	5 »
Assurance 6 °/. sur 260 »	15.60
Frais généraux 5 °/. d°	13 »
6 mois de terme 3 °/. d°	7.80
Coût complet........	224.85
Prix de vente (275 » aujourd'hui) minimum ...	260 »
Bénéfice............	35.15 ou 15.63 °/.
Achat en marchandises, 20·°/. sur 47.20...	9.44
Bénéfice total...........	49.59 ou 19.83 °/.

Tous nos prix de vente sont cotés au plus bas cours des qualités communes, et nos produits seront de qualité supérieure, ou bonne moyenne ; nous avons appliqué partout le frêt doublé qui sera réduit d'un tiers au moins dans la pratique, et limité à 20 °/₀ le bénéfice sur les marchandises d'échange dont la valeur croît avec la distance, et qui nous donneront un bénéfice très supérieur.

Pour le blé, nous pensons que le prix d'achat pourra facilement être ramené à 40 francs et même à 30 francs la tonne; dans la région où on le produit, les indigènes ne tirent aucune valeur des produits du sol, et si, comme on le prétend, le rendement atteint 30 hectolitres à l'hectare, le prix, calculé comme ci-dessus, descendrait à 37.50. En achetant à 40 francs, le bénéfice s'élèverait à 23.13 °/₀, et à 30 francs, à 27.13 °/₀, et nous estimons qu'en ramenant toutes les dépenses à leur coût réel le plus bas, les blés de l'Angola peuvent faire concurrence aux blés américains et aux blés de la mer Noire, même avec l'abaissement du prix de vente à 210 et à la rigueur à 200 francs la tonne.

En admettant même que nos prix d'achat du coton et du café fussent doublés, ce qui porterait le produit de l'hectare pour les indigènes à 400 francs pour le coton et 800 francs pour le café, chiffres de revenus qu'ils n'ont jamais obtenu de leurs cultures les mieux situées, il resterait encore un bénéfice de 31.46 °/₀ sur le coton, et de 40.28 °/₀ sur le café, ce qui constituerait toujours une opération avantageuse.

Nous croyons donc avoir complètement démontré la grande valeur de l'organisation que nous avons conçue, et nous sommes certain, qu'après l'avoir étudiée et contrôlée, on partagera la confiance absolue qu'elle nous inspire pour le succès de notre entreprise. Avec de tels éléments, il est impossible de ne pas gagner d'argent, et à plus forte raison d'en perdre.

Les beaux résultats que fourniront nos cultures et nos industries agricoles viendront encore fortifier cette conviction ; on les trouvera dans le chapitre suivant.

CULTURES

Pour mettre les terres vierges en état d'être cultivées, on se borne à nettoyer le terrain. Les améliorations, fossés, clôtures, chemins, s'exécutent ensuite peu à peu et à la longue, mais jamais au début, car ce serait fort coûteux avec les troncs d'arbres et leurs énormes racines, tandis qu'en attendant qu'ils soient pourris et en utilisant le temps disponible des ouvriers, la dépense est à peu près nulle.

Dessèchements. Dans les bois vierges marécageux, il suffit de les abattre pour obtenir un dessèchement complet. Dans les plaines qui n'ont pas assez de pente, on se borne à ouvrir de petits canaux dans les parties les plus basses, à la houe ou à la charrue, pour obtenir le même résultat. Ces plaines ainsi desséchées sont d'une fertilité inouïe, principalement pour le riz, la canne à sucre et l'indigo ; mais elles sont assez longtemps malsaines et, pour remédier à cet inconvénient, on les entoure d'eucalyptus et d'autres plantes jouissant de propriétés assainissantes.

Engrais. En terre vierge on n'a pas besoin d'engrais ni de remuer profondément le sol, les débris végétaux et animaux que les siècles y ont accumulés donnent à ces terres une telle puissance de production, qu'il suffit de brûler pour dégarnir le terrain, planter ou semer et ensuite entretenir propre contre l'envahissement des plantes sauvages. Les produits obtenus sont gigantesques, il faut les avoir vus pour s'en faire une idée ; parfois même il est presque impossible de maîtriser la végétation.

Il est démontré cependant, par ce qui s'est produit en Amérique et dans toutes les anciennes colonies, que la fertilité de ces terres n'est pas inépuisable et qu'il convient de les ménager pour éviter les conséquences inhérentes à tout abus : l'appauvrissement des cultures et l'apparition de maladies inconnues, qui font maintenant le désespoir des planteurs. Nous profiterons de l'expérience acquise et sans employer d'engrais complets, nous restituerons à la terre une grande partie des sels absorbés par les cultures, ce qui sera facile et peu coûteux. Il suffira d'employer pour la canne à sucre, sa bagasse ; pour les caféiers, l'enveloppe des fruits ; pour toutes les cultures, des feuilles d'arbres, des débris végétaux qui abondent ; enfin, des cendres qu'on peut se procurer en quantité illimitée et qui produisent des effets merveilleux sur le Maïs, le Sorgho, les Courges, le Tabac, les Haricots, le Manioc, etc. Le parcage des animaux est aussi excellent et ne coûte rien, car il est indispensable de les réunir et de les enclore chaque nuit pour les préserver des accidents et des maraudeurs. Les bêtes restent toute l'année au grand air sous ces latitudes, on leur fait seulement quelques légers hangards pour les abriter du soleil ou des grandes pluies. On ne met en écuries closes que les très jeunes animaux qui pourraient souffrir des chauve-souris ou des insectes.

Exploitation des bois. Nous ne parlerons ici que de l'exploitation des bois pour obtenir le combustible nécessaire à nos cultures et à nos industries.

Nous devrons exploiter une certaine quantité d'hectares plantés en bois pour alimenter notre usine à sucre et fournir à d'autres besoins insuffisamment satisfaits par les produits des clôtures et des rideaux d'arbres qui protégeront les cultures contre les grands vents. Le nombre d'hectares qu'il faudra sera indiqué par l'expérience, car on ne s'est jamais rendu compte du rendement et les données que nous possédons sur le produit des bois en Europe sont inapplicables avec la végétation extraordinaire de ces contrées.

Les bois abattus seront débités sur place, mais en limitant ce travail aux corps et aux très grosses branches des arbres. Tout le surplus et les déchets du débitage seront ensuite mis en tas et brûlés, les cendres répandues et le terrain semé aussitôt en Maïs ou Sorgho, deux fois de suite la même année. Cette seconde récolte faite, on sèmera des arbres et en même temps des carats-cocos ou du manioc, que l'on récoltera encore sans nuire aux jeunes pousses. Ces trois récoltes sur brulis donneront des produits considérables dont la valeur sera bien supérieure aux dépenses de l'exploitation. Ce mode d'exploiter est très avantageux, les bois pour le service ne coûtent plus que leur transport à pied d'œuvre.

Défrichements. En bois vierge on ne peut songer à utiliser les arbres, ce serait trop coûteux; tout doit être brûlé. Ce mode de procéder est contraire aux vrais principes, il serait plus rationnel de transporter les arbres sur les lisières pour qu'ils y pourrissent et procurent ainsi un riche engrais; mais on ne pourrait faire aucune récolte sur un terrain ainsi préparé dans l'Angola, elles seraient étouffées par les plantes sauvages et dévorées par les insectes. Avec un brulis bien fait, on détruit toutes les plantes parasites et leurs semences, tous les insectes et les rongeurs, leurs œufs et leurs terriers, et le sol se trouvant parfaitement nettoyé est préservé de toute atteinte pendant près de six mois, ce qui laisse aux plantations le temps de prendre la force de se protéger et donne moins de peine pour entretenir la propreté. On perd une grande quantité de matières fertilisantes, mais entre deux maux il faut choisir le moindre, et si l'on ne brûlait pas, on ne pourrait tirer aucun parti des terres.

Les troncs sont laissés en terre pour y pourrir, ce qui demande 2 à 3 ans; on pourrait les faire sauter à la dynamite pour déblayer la surface du sol; mais quant à les arracher, ainsi que leurs racines, il n'y faut pas songer avec des arbres dont les racines pivotantes s'enfoncent souvent à 5 et 6 mètres et dont les racines latérales s'étendent quelquefois jusqu'à 30 mètres"

Pour ce motif, on ne peut donner, sur brulis, aucune façon à la terre avant de s'en servir. On plante ou on sème tout simplement, à la houe, à la bêche ou au piquet, et en ligne autant qu'on le peut.

En terres vierges, on abat les arbustes et les plantes qui s'y trouvent avec la serpe à long manche et l'on brûle, puis on plante à la houe et au piquet. Un bon labour de défoncement à la charrue serait cependant avantageux sur ces terres, spécialement pour la canne à sucre dont la culture est bien plus économique quand on peut y employer la charrue.

Irrigations. Pour certaines plantes tropicales, et notamment pour la canne à sucre, le coton et les caféiers, l'irrigation est excellente; elle produit également des effets merveilleux sur certaines céréales et granifères, et c'est pour cette raison que nous avons demandé que tous nos lots de terres touchent, par un de leurs côtés au moins, à un cours d'eau susceptible de nous fournir l'eau nécessaire à nos irrigations et à nous procurer les forces motrices que pourront demander les diverses machines, accessoires des cultures. Nous pourrons donc irriguer.

Assolements. Le choix d'un système d'assolement est la base essentielle d'une bonne administration pour nos cultures d'Europe, mais dans les pays intertropicaux on se préoccupe peu de cette question. Les terres plantées en caféiers n'en ont pas besoin, cet arbre vivant 60 à 80 ans dans l'Angola; lorsque la plantation dépérit, on plante des cacaoyers dans les intervalles, qui remplacent ensuite les caféiers. Une plantation de girofliers est presque éternelle. La canne à sucre paraît pouvoir être indéfiniment plantée sur le même terrain, en ayant soin de déplacer les lignes chaque fois qu'on renouvelle, et sa durée est de 10 à 12 ans. Le cotonnier dure 12 à 14 ans, on peut le faire suivre par le Maïs, c'est un excellent assolement. Pour la culture des céréales et des vivres, nous n'aurons que l'embarras du choix pour combiner un bon assolement.

Instruments aratoires. Les travaux agricoles se résument dans l'abattage des bois et broussailles, l'ameublissement du sol, le binage, le sarclage et enfin le labour de la terre à bras d'homme ou à la charrue.

Les instruments indispensables pour les exécuter sont en petit nombre; ce sont : la hache étroite, courte et épaisse pour abattre ; la hache longue, large et pesante pour équarrir ; la hache longue, large et légère pour blanchir ; la grande serpe à long manche, la serpe à manche court ; trois houes, une large, une étroite et une à branche ; la petite bêche ; la faucille ; les fourches et enfin des piquets pour planter entre les pierres ou les troncs d'arbres. La dépense peut s'évaluer à 20 francs par homme. Les charrues, les houes à cheval et les herses ne peuvent être utilisées dans les premières années que dans quelques plaines avoisinant les cours d'eau ; lorsque leur emploi pourra se généraliser, nous y joindrons les semoirs à cheval et les moissonneuses et faucheuses, ce qui procurera de grandes économies sur les mains-d'œuvre.

Nous introduirons encore, dès le début, les machines à égrener le coton, le maïs et à décortiquer le café ; les brouettes, charrettes, les chèvres, les crics et autres instruments pour lever et porter ; les moulins, pompes, râpes, coupe-racines, blutoirs et tout le matériel perfectionné de nos grandes exploitations agricoles ; mais nous n'en pourrons fixer le nombre qu'après avoir pris possession des lots et arrêté le plan de culture qui leur conviendra le mieux selon la région.

Prix de revient des cultures. A défaut d'un plan de culture complet, nous nous bornerons à indiquer que la majeure partie de nos terres sera cultivée en vue de l'exportation et de l'alimentation d'une usine à sucre et de distilleries pour fournir à la consommation locale. En première ligne nous cultiverons le tabac, le coton, le café, le cacao, la canne à sucre, le sorgho et les courges ; et en seconde ligne, l'indigo, le ricin, le maïs, le blé, les pois, les haricots, les épices, etc. Nous ferons aussi quelques plantations de vanille, là où nous rencontrerons les conditions indispensables à cette culture.

Nous ne pouvons établir ici tous les prix de revient de ces cultures, cela nous entraînerait trop loin, nous donnerons seulement ceux des principaux produits tels que : le tabac, le sorgho, la canne à sucre, le café et le cacao, ainsi que ceux des industries qui s'y rapportent.

Il n'y a pas de prix de revient authentiques dans l'Angola et il serait même fort difficile d'en trouver les éléments chez la plupart des agriculteurs de cette colonie, nous basons donc les nôtres sur ceux d'autres contrées qui sont facilement contrôlables, en les modifiant selon nos propres observations. Nous ne calculons pas sur les grands rendements obtenus déjà dans la province, mais seulement sur des rendements moyens réalisés ailleurs dans des conditions climatériques moins favorables, afin d'écarter toute chance d'erreur et tout motif de contestation. Nos prix de revient doivent donc être considérés comme des maximums pour les dépenses et comme des minimums pour les produits, avec la certitude absolue d'améliorations sérieuses dans la pratique.

DU TABAC

Le tabac croît spontanément dans toute la province, où sa tige atteint jusqu'à 2 m. 50 de hauteur et porte jusqu'à 36 feuilles de 0 m. 45 de longueur sur 0 m. 15 à 0 m. 20 de largeur ; les nègres le cultivent pour leur usage, mais ne savent pas le préparer. Quelques Portugais se sont mis aussi à cultiver cette plante ; mais procédant par tâtonnement ils ne sont pas encore arrivés à produire les qualités de choix qu'on peut obtenir d'un sol et d'un climat aussi favorables. Leurs échantillons, soumis à la Compagnie Nationale des tabacs de Lisbonne, ont donné lieu à la déclaration suivante des directeurs, en date du 3 novembre 1877 :

« Ce tabac mieux cultivé et préparé, peut lutter avec le tabac du Kentucky et de la Virginie, « non-seulement sur notre marché, mais sur tous les marchés de l'Europe et tel qu'il nous est soumis, « il peut être employé à une partie de notre fabrication et vaudrait aujourd'hui 1 franc à 1 fr. 10 c. « le kilog.

« Les directeurs : Fonsecas Santos Vianna ; Thomaz da Costa Ramos. »

Selon V. Demoor, secrétaire de la Société d'Agriculture d'Alost (*Du tabac*, etc.— Bruxelles) on récolte en Belgique de 3 à 5,000 kilogrammes par hectare et en moyenne 3,700 kilogrammes.

Le prix de revient d'un hectare à Werwick s'établit ainsi :

Location de la terre..................	180	»	nous n'en avons pas à payer.	»
Labours, hersage, transport des fumiers.	102	»		102 »
Fumiers, achat......................	1,040	»	il n'en faut pas............	»
Plantation, arrosage et entretien	186	»		186 »
Cueillette. transport et fermentation.				
Séchage et épluchage...........	100	»		100 »
Manoquage et emballage.............	34	»		34 »
Total des Dépenses.......	1,642	»		422 »
Recette. 3,700 k. à 80 » °/. k....	2.960	»		2.960 »
Bénéfice à l'hectare....	1,318	»		2,538 »

Dans le canton de Beaumont où l'on cultive à la pelle et à la houe, comme dans l'Angola, le bénéfice à l'hectare est de 1,405 francs.

M. Joubert indique pour la France un bénéfice moyen de 1,299 fr. 60 c.

Enfin, aux Etat-Unis et à la Havane, ce bénéfice varie de 2,000 à 20,000 francs et plus à l'hectare, selon la qualité du produit.

La comparaison ci-dessus nous permettrait de calculer sur un bénéfice de 2,538 francs ; mais nous avons des frais d'autre nature à tenir compte et nous préférons établir notre prix de revient sur les bases suivantes qui sont d'une sûreté indiscutable.

Le coût de la journée de l'homme qui revient à 0 fr. 73 c. est porté à 0 fr. 90 c., parce que nous nous proposons de les mieux vêtir et nourrir qu'on ne le fait actuellement.

Semis. La graine est semée à raison de 2 grammes par mètre carré ; le mètre carré donne 1,500 plants. L'hectare comportant 30,300 pieds, il faut, avec le remplacement des manquants, 24 mètres carrés de semis pour 1 hectare de plantation. Coût du semis, 15 journées à 0.90 = 13.50.

Préparation de la terre. Nous n'en aurons pas dans les deux premières années, mais nous devons prévoir les labours pour les années suivantes.

2 labours croisés à 0 m. 25 de profondeur........	100 journées	
2 — à 0 m. 15 de profondeur.............	60 —	
Ensemble......	160 journées à 0.90 = 144 »	

plus 2 hersages à 2 francs l'un, soit 4 francs. Coût total............................. 148 »

Plantation. 1 homme transplante 1,000 à 1,500 pieds par jour. Coût 30 j. × 0.90 = 27 »

Entretien et surveillance. 1 homme entretient et surveille 1/2 hectare, il faut donc 2 hommes pendant 100 jours. Coût, 200 jours × 0.90 = 180 »

Cueillette, maturation et emballage. Environ 170 journées × 0.90 = 153 »

Transport au port d'embarquement. Pour tenir compte de l'éloignement des divers lieux où se fera cette culture, nous fixons le parcours à 200 kilomètres, à 0 fr. 24 c. = 48 francs la tonne. Nous comptons aussi pour manipulation et mise à bord 5 francs par tonne.

Frais généraux coloniaux. Nous compterons pour la Direction, les contre-maîtres spéciaux et tous autres frais, 160 francs à l'hectare, chiffre élevé qui diminuera avec l'extension des cultures qui viendront prendre leur part des dépenses au prorata.

Droits de sortie. Ces droits sont de 28 francs par tonne.

Frêt pour l'Europe. Coût pour le Hâvre, 68 fr. 76 c. la tonne.

Assurance, terme de vente et frais généraux d'Europe. Le taux ordinaire de l'assurance est de 6 °/₀. Nous comptons ensuite pour déchargement et magasinage à l'arrivée 4 francs par tonneau ; 5 °/₀ du prix de vente pour les frais généraux, et 3 °/₀ pour 6 mois de crédit à l'acheteur.

Rendement. Le rendemeut est bien plus élevé qu'en Europe ; mais pour éviter toute erreur, nous l'établissons sur les bases suivantes :

Selon Th. Schlœsing (le *Tabac et sa culture*) le poids d'une feuille est en moyenne de : 11 gr. 67 pour le tabac d'Alsace ; 7 gr. 41 pour celui du Pas-de-Calais et de 6 gr. 80 pour le tabac de la Havane. C'est ce dernier que nous prenons comme le plus faible. 30,300 pieds à 20 feuilles (au lieu de 30 à 36) donnent 606,000 feuilles $\times$ 6 gr. 8 = 4,120 kil. 8, que nous ramenons à 4,000 kil. ronds.

Prix de vente. Nous prenons le prix le plus bas offert par la compagnie Nationale des tabacs de Lisbonne, soit 1 franc le kilogramme. Bien cultivé et préparé selon les meilleures méthodes, nous obtiendrons certainement une forte plus-value sur ce prix de vente, de même que le rendement sera plus élevé à l'hectare. Au Gabon, dans des conditions presque identiques aux nôtres, le tabac cultivé par M. Bouet, lieutenant de vaisseau, a parfaitement réussi et sa qualité pourrait rivaliser avec les meilleures sortes connues. (*Catalogue inédit de l'exposition coloniale*).

Prix de revient et résultats d'un hectare.

Production : 4,000 kilos à 1 franc le kilo		= 4,000 »
Dépenses :		
Culture : Semis		13.50
Préparation de la terre		148 »
Plantation		27 »
Entretien et surveillance		180 »
Cueillette, maturation et emballage		153 »
Frais généraux coloniaux		160 »
Total		681.50

	Coût de la tonne		Coût par hectare
Culture $\dfrac{681.50}{4}$	= 170.375		
Transport au port par tramway	48 »		
Embarquement	5 »		
Droits de sortie	28 »		
Dépenses dans la colonie	251,375	=	1,005.50
Frêt pour l'Europe	68.76		
Déchargement et magasinage	4 »		
Assurance	60 »		
Frais généraux d'Europe	50 »		
6 mois de terme	30 »		
Dépenses en Europe	212.76	=	851.04
Totaux	464.145		1.856.54
Bénéfice à la tonne	535.855 et à l'hectare		2,143.46
Prix de vente	1.000 »		

Le bénéfice représente 115.45 °/₀ du prix de revient.

DU SORGHO

On a fait de nombreux essais pour acclimater cette plante précieuse dans le midi de la France et en Algérie ; mais elle est trop sensible au froid et exige une trop forte chaleur pour sa maturation. Quand les circonstances climatériques se sont trouvées favorables, on a obtenu des produits merveilleux, donnant jusqu'à 8,000 francs nets à l'hectare ; puis l'année suivante, ces circonstances ne se reproduisant pas, la récolte devenait insignifiante ou même nulle, et personne ne voulait plus continuer.

Dans l'Angola, ces mécomptes ne sont pas à craindre, le sorgho est une plante originaire de la contrée où elle rencontre les conditions les plus favorables à son développement. Il n'est encore cultivé que par les nègres pour leur nourriture; il atteint 5 et 6 mètres de hauteur et donne un rendement énorme en grains. Les Européens préfèrent cultiver la canne à sucre pour distiller et manger, sa culture et sa distillation sont plus connues, tandis que les qualités saccharines du sorgho sont à peu près ignorées.

Nous lui trouvons de grands avantages, pour nos débuts surtout, parce que sa récolte vient deux mois et demi à trois mois au plus après le semage, tandis qu'il faut attendre la canne douze à seize mois; qu'en cas de pénurie accidentelle de vivres, on peut utiliser ses graines pour la nourriture, et qu'enfin, les graines étant récoltées, on peut conserver les tiges sèches, pour faire du sucre ou de l'alcool, sans qu'elles perdent rien de leur richesse saccharine. C'est au moment de la maturité des graines que les tiges renferment la plus forte proportion de sucre; l'alcool qu'on en retire est excellent, d'un goût agréable rappelant un peu celui du kirsch, et par conséquent d'un écoulement fructueux.

L'alcool trouve en Afrique un marché insatiable, on n'y peut plus faire d'affaires sans en avoir. et nous serions forcés d'en acheter. C'est donc pour faire de l'alcool que nous cultiverons le sorgho, de même que le maïs et les courges.

Produit d'un hectare en alcool. D'après Hardy, directeur du Jardin d'acclimation d'Alger, un hectare de sorgho donne 4,840 kilos de graines et 83,423 kilos de tiges épluchées; nous prenons seulement 4,000 kilos de graines et 80,000 kilos de tiges.

4,000 kil. graines à 27 kil. 15 °/. d'alcool; prenons 25 °/. seulement = 1,000 kil. alcool.
80,000 kil. tiges à 67 °/. de vesou; prenons 65 seulement :
Vesou 65 °/. — 52,000 kil. à 8° 3/4 Baumé, ou donnant sucre
13 °/. = 6,760 kil. produisant 53 °/. alcool, soit 3,582

Total du produit . . . . $\overline{4,582}$ kil. alcool.

1 litre alcool pesant 0 kil. 704, le produit en litres sera de :

$$\frac{4,582 \text{ kil.}}{0,704} = 5,770 \text{ litres alcool à l'hectare.}$$

Le prix de vente dans l'Angola varie de 0.70 à 1.20 le litre, nous aurons donc, au plus bas, pour 1 hectare, 5,770 litres $\times$ 0.70 . . . . = 4.039 »

Coût de culture :

Préparation de la terre : 1 labour profond, à. . . . . 50 journées
1 d° moyen, à. . . . . 30 d°
Ensemble. . . . . $\overline{80}$ journées $\times$ 0.90 = 72 »
Hersage. — Un. . . . . 2 »
Semis. — En potets. espacés de 0.80 et de 0.40. . . . . Journées 20 $\times$ 0.90 = 18 »
Entretien. — Trois binages à 30 journées l'un. . . . . Journées 90 $\times$ 0.70 = 81 »
Récolte. — Coupe, effeuillage et bottelage à 1,500 kil. par homme. . . . . . $\dfrac{90,000 \text{ kil.}}{1,500}$ = 60 journées $\times$ 0.90 = 54 »
Transports. — 1 charrette porte 500 kil. et fait 10 voyages par jour $\dfrac{90,000 \text{ kil.}}{500} = \dfrac{180}{10}$ = 18 charrettes, l'une à 2.50 = 45 »
Frais généraux coloniaux. — Chiffre fort. . . . . 160 »
Coût de culture . . . . $\overline{432}$ »
Vesou. — Pour alimenter le moulin . . . . 24 journées $\times$ 0.90 = 21.60
Entretien, force motrice et divers. . . . . 60 »
$\overline{81.60}$
Distillation. — Frais variant de 0.10 à 0.13 par litre et que nous portons à 0.15 $\times$ 5,770 litres = 865.50
$\overline{947.10}$
$\overline{1.379.10}$
Bénéfice brut. . . . . $\overline{2,659.90}$
A déduire : Impôt de consommation à 110 réis par décalitre. 1 franc = 180 réis
$$\frac{5,770 \times 110}{10} = \frac{634470}{180} = 352.60$$
Bénéfice net à l'hectare. . . . . $\overline{2.307.30}$

ou **133.23** °/₀ du prix de revient.

Il reste, en outre : 15,000 kil. de feuilles et 3,000 kil. de tourteaux, pour nourrir les animaux ; 12,000 kil. bagasse propre à faire un excellent papier; 17,000 kil. paille, pour divers usages, et 13,000 kil. nœuds, dont on peut faire du vinaigre ou extraire des teintures et dont nous négligeons la valeur.

DU MAIS ET DES COURGES

Nous ne croyons pas utile de faire de prix de revient. Pour le maïs, c'est à peu près le même que le sorgho; pour les courges, il est très inférieur, l'entretien est supprimé et la récolte fort simplifiée, on n'a qu'à ramasser les courges qui viennent énormes et atteignent les dimensions d'un fût de 500 litres. De plus, le travail au moulin est supprimé pour la distillation des courges, on procède par voie de macération des fruits que l'on coupe en morceaux, ce qui coûte moins cher.

Le maïs rend moins d'alcool que le sorgho; les courges tout autant, sinon plus même, de sorte que, pour ne pas faire ici un cours des cultures tropicales, nous admettons que le rendement de ces plantes, dont l'emploi simultané compensera les différences, est uniforme et donne les mêmes résultats que le sorgho.

DE LA CANNE A SUCRE

La canne à sucre est originaire de l'Afrique, où elle atteint des proportions gigantesques. On dit que, transplantée sous d'autres climats, elle est moins riche en sucre que la canne d'Otahiti qu'on lui préfère; mais nous n'avons pu trouver d'éléments de comparaison dans l'Angola, où l'on ne fait du sucre que pour la consommation des habitations, et où la distillation est pratiquée par des moyens très primitifs. C'est une expérience à faire.

Nous établissons, ci-après, les prix de revient de sa culture, ainsi que ceux de sa distillation et de sa transformation en sucre, au moyen des meilleurs appareils connus.

Ces fabrications sont d'un grand avenir et d'un grand produit dans l'Angola, ainsi qu'on peut s'en convaincre par l'extrait du rapport de la Chambre de Commerce de Loanda, publié en 1877, que nous transcrivons ci-après :

« Nous croyons infaillible la création d'une nouvelle industrie dans cette colonie : la fabrica-
« tion du sucre. Mais il ne convient pas, pour le moment, que les cultivateurs de cannes extraient
« d'autres produits que l'eau-de-vie, parce que, tant que la fabrication de la province ne dépassera
« pas ce qu'elle consomme, le prix de cet article se conservera tellement rémunérateur, qu'il dispense
« d'essayer, quant à présent, la fabrication du sucre. Et, pour qu'on puisse apprécier la vérité de
« cette assertion, il suffit de dire que le prix net de l'eau-de-vie, à Loanda, n'a jamais été inférieur
« à 60$000 réis forts les 470 litres (333 fr. 33 ou 0 fr. 71 le litre), et a souvent atteint 90$000 réis
« (500 fr. ou 1 fr. 07 le litre), valant toujours 20$000 et 30$000 réis (111.11 et 166.66) de plus
« que l'eau-de-vie étrangère, par ce motif que sur tous les points où apparaît l'eau-de-vie provin-
« ciale, l'eau-de-vie étrangère est rejetée par les indigènes. »

La cause de cette préférence est facile à expliquer, les eaux-de-vie importées étant de très mauvaise qualité, comme tout ce que l'on destine aux nègres, ne peuvent lutter contre les produits locaux qui, jusqu'à présent, n'ont été l'objet d'aucune falsification.

La canne à sucre produit, dans l'Angola, de 70,000 à 140,000 kil. a l'hectare, selon les terrains et les soins apportés à sa culture. Une plantation dure 10 à 12 ans, et nécessite à peu près deux hommes par hectare avec le travail à bras d'hommes, mais avec des instruments attelés pour labourer, biner et sarcler, il faut beaucoup moins de monde. L'emploi de ces instruments sera possible dans 2 ou 3 ans, et nous en obtiendrons une forte économie.

Prix de revient d'un hectare. Nous comptons seulement 70,000 kil. de rendement.

Culture à bras d'hommes

1 labour de défoncement...... journées	50	
1 — pour ameublir....... —	30	
12,321 trous à 100 par journée, —	124	204 × 0.90 = 183.60
1 femme et 4 hommes pour planter........		31 × 0.90 = 27.90
2 binages à 30 journées.................		60 × 0.90 = 54 »
4 sarclages à 20 —		80 × 0.90 = 72 »
2 épaillages à 10 journées................		20 × 0.90 = 18 »
Coupe : 1 coupeur, 1 trancheur et 4 botte-		
leurs et porteurs par équipe, faisant 6,000		
k. = 11 équipes ou		66 × 0.90 = 59.40
14 charrettes à 10 voyages de 500 k. l'un		14 × 2.50 = 35 »
	Total........	449.90
Frais généraux coloniaux, chiffre fort................		160 »
Coût par hectare.........		609.90

Avec instruments attelés

12 mules et 6 conducteurs................	21 »
6 — et 3 —	10.50
8 femmes pour poser les boutures....... .	2,70
Binages : 1 mule, 1 conducteur et 1 enfant	
font 1 hectare 1/2 par jour et coûtent 3,25,	
soit 2,20 pour 1 et pour 6...............	13.20
2 épaillages à la main...................	18 »
Coupe sans changement...................	59,40
14 charrettes —	35 »
Total..........	154,80
....	160 »
et avec instruments attelés...............	314.80

Les 1,000 kil. coûteront donc 8.71 avec la culture à bras, et 4.50 avec la charrue.

Distillation de la canne :

70,000 k. cannes à 65 °/₀ de vesou = 45,000 k. de vesou.

45,500 vesou à 18 °/₀ de sucre = 8,190 sucre cristallisable et incristallisable.

8,190 sucre à 53 °/₀ d'alcool = 4,340 alcool, qui, a raison de 0.794, poids d'un litre, donnent 5,466 litres d'alcool pour un hectare.

Produit : 5,466 litres à 0.70 = 3,826.20   3,826.20

Culture à bras d'homme :

Coût de culture.........................	609.90	
Moulin, journées, 48 × 0.90.............	43.20	
Entretien, force motrice et divers.......	60 »	
Distillation, 5,466 litres à 0.15..........	819.90	1,533 »
Bénéfice brut.........		2.293.20

Avec instrument attelé :

à la charrue................	314.80	
mêmes dépenses	923.10	1,287.90
		2,588.30

A déduire : impôt de consommation $\frac{60\,\$126 \text{ réis}}{100}$ = 334.05   834.05

Bénéfice net à l'hectare........ 1,959.15   et à la charrue 2.254.25

soit 127.79 °/₀ du prix de revient, culture à bras, et 182.09 °/₀, culture à la charrue.

Fabrication du sucre. Cette industrie a donné lieu à bien des controverses que nous ne pouvons discuter ici; nous dirons seulement qu'elle rencontrera, dans l'Angola, des conditions économiques bien supérieures à celles que lui offrent nos anciennes colonies, et que son succès est assuré.

La main-d'œuvre est abondante et à bas prix, les huiles pour graissage seront fournies par nos cultures, et pour le chauffage des appareils nous avons des bois en abondance qui ne nous coûteront que le transport, ce qui nous dispense d'importer de la houille et de brûler la bagasse qui, rendue à la terre, lui restitue la presque totalité des sels consommés par la plante. Le rendement, à l'hectare, est obtenu sans engrais et dépasse considérablement celui de nos colonies, dans lesquelles on dépense une somme importante en engrais. Les terres sont à nous et cultivées par nous, ce qui, outre une grande réduction du prix de revient, nous assure une indépendance que les usines coloniales n'ont pas. Achetant leurs cannes aux cultivateurs, elles doivent subir les fluctuations des cours et sont généralement amenées, pour assurer leur approvisionnement, à aider les cultivateurs, à leur consentir des avances d'argent et d'engrais dont la rentrée ne s'opère que très difficilement, car leur marche dépend du bon vouloir de leurs débiteurs. C'est un système déplorable qui pèse sur ces usines et rend parfois leurs résultats fort médiocres.

Voici la comparaison des prix de revient d'une usine de nos colonies, avec ceux que nous pensons pouvoir obtenir dans l'Angola.

	Colonie Française		Angola		
Années :	1875	1876			
	Aux 1,000 k. de cannes	Aux 1,000 k. de cannes	Aux 1,000 k. de cannes		
Salaires de fabrication............	2.96	3.24	3.24		nous forçons, notre main d'œuvre coûte moins.
Frais généraux..................	2.52	2.81	2.50		pas d'emprunt onéreux.
Réparations et entretien..........	1.70	1.90	1.90		
Magasin général.................	0.94	1.07	1 »		
Charbon de terre................	3.75	3.99	2 »		chiffre fort avec le coût du bois.
Noir animal.....................	0.47	0.41	0.40		
Huiles et graisses	0.16	0.20	0.10		fournies par nos cultures.
Sacs à sucre....................	1.10	0.75	1.10		
Tonnellerie....	0.87	0.32	0.25		différence sur le bois.
Appareils Schacher..............	0.05	0.05	0.05		
Laboratoire.....................	0.02	0.03			
Bacs roulants...................	0.19	0.21	0.25		pas de compte d'immigrants.
Immigrants (compte de revient)	0.07	0.10			
Totaux.....	14.30	15.08	12.79	12.79	
Prix des 1,000 k. de cannes,..	22.42	20.25	8.71	4.50	
Coût complet....	36.72	35.33	21.50	17.29	

Ces différences nous donnent un avantage de 38.72 °/₀ ou 51.06 °/₀. selon que nous cultiverons à bras ou à la charrue, comparaisons prises entre les deux prix les plus élevés et les plus faibles ; nous n'avons donc rien à redouter de la concurrence.

Selon devis, que nous ont fourni MM. Cail et Cⁱᵉ, une usine à sucre et sa distillerie, pouvant traiter 50 millions de kilos de cannes dans la campagne, nous coûterait, toute montée et prête à travailler dans l'Angola, 1,600,000 francs.

Le rendement, avec les appareils fournis, pourrait atteindre 13 °/ₑ de sucre comme on l'a obtenu, l'an dernier, dans une usine semblable, à la Havane ; mais, pour ne rien exagérer, nous calculerons sur un rendement de 9 °/₀ de sucre seulement, et 1 litre de tafia par 100 kil. de cannes passées au moulin.

Production d'une usine sur ces données :

4,500,000 k. de sucres vendus au plus bas à 0.50............................		2,250.000 »
500,000 litres tafia à 0.80..		400,000 »
Total des Recettes..................		2,650,000 »
A déduire :		
50,000,000 k. cannes à 21.50 les °/₀...............................	1,075,000 »	
500,000 litres tafia, distillation à 0.10..............................	50,000 »	
4,300 tonnes sucre transportées à 60 kil. à 0.24 le kil....................	64,800 »	
Mise à bord 4,500 tonnes à 3 ».......................	13,500 »	
Frêt pour l'Europe 4,500 tonnes à 55 »...........................	247,500 »	
Assurance 6 °/₀ sur prix de vente..................................	135,000 »	
Déchargement et magasinage à 4,500 tonnes à 4 »..................	18,000 »	
Frais généraux d'Europe 5 °/₀.....................................	112,500 »	
Droits de sortie 1°/₀ ad valorem sur 1,350,000 »...................	13,500 »	
6 mois de terme 3 °/₀..	67,500 »	
Impôt de consommation sur 500,000 litres à 110 réis le décalitre...............	30,555.55	1,827,855.55
Bénéfice net......		822,144.45

soit un bénéfice de 44.98 °/₀, sur le prix de revient.

Avec la culture de la canne, à la charrue, l'économie serait de 200,000 fr. ; la dépense ne serait plus que de 1,627,855.55, et le bénéfice monterait à 1,022,144,45, soit 62.79°/. du prix de revient.

Il faudrait 714 hectares pour alimenter cette usine; l'hectare donnerait donc un bénéfice de 1,151.46 avec la culture à bras, et 1,436.58 avec culture à la charrue; mais ces chiffres seront certainement bien dépassés, car l'hectare produira en moyenne 90,000 à 100,000 kil.

Cette industrie est donc excellente à entreprendre; il entre en France pour 50 à 60 millions de

— 34 —

francs de sucres étrangers, chaque année, et les cours ont atteint, en 1878, une moyenne de 63 à 64 francs, alors que nous ne comptons que sur 50 francs; le marché est donc assez large pour assurer nos débouchés, et nous avons une très grande marge pour supporter la concurrence.

DU COTON

Les meilleures espèces de cotonniers réussissent toutes dans l'Angola; la culture de cette plante est très simple et d'un coût peu élevé, surtout lorsqu'on peut y appliquer la charrue et la houe à cheval. L'égrenage est ce qui demande le plus de soin; on l'opère au moyen de machines spéciales. Le coton bien séché est ensuite mis en balle au moyen d'une presse, et expédié.

Le cotonnier donne deux récoltes par an dans l'Angola, comme toutes les autres plantes, du reste; il entre en fleurs deux mois après sa plantation, et on le récolte après un même espace de temps. L'espèce originaire du pays est arborescente et donne une laine un peu commune, mais très blanche et excellente pour le tissage, donnant beaucoup de main au tissu.

Le rendement, à l'hectare, varie de 500 à 600 kil. de coton net, et de 1,160 à 1,300 kil. de graines. Ces graines donnent une huile excellente, qu'il serait avantageux d'extraire sur place; elles sont encombrantes et payent un frêt assez élevé; possédant une huilerie dans la province, on pourrait y traiter les graines des indigènes qui n'ont aucune valeur aujourd'hui, et qu'on obtiendrait à très bas prix. 1,000 kil. de graines produisent 180 kil. d'huile, et 820 kil. de tourteaux propres à la nourriture des animaux ou pour engrais. Le coût de l'huilerie serait de 35.000 francs, et les frais de fabrication reviendraient à 15 ou 20 francs la tonne d'huile fabriquée; le cours de cette huile oscille entre 750   » et 850   » la tonne.

Coût de la culture d'un hectare :

	À bras d'hommes			Avec instruments attelés		
Préparation de la terre	1 labour profond, journées	50		12 mules et 6 conducteurs	2) »	
	1 d° moyen d°	30	80 × 0.90 = 72 »	6 d° et 3 d°	10.50	31.50
Semis	2 hommes pour faire les trous		6 × 0.90 = 5.40	même dépense		5.40
	4 femmes ou enfants pour semer					
Entretien	Éclaircissement et pincement, journées 4		94 × 0.90 = 81.00	Éclaircissage et pinçage	3.60	
	8 forts binages à 20 journées d°	60		Binage à la houe à che-		
	3 legers d° à 10 d° d°	30		val à 2 20 l'un × 6 =	13.20	16.80
Récolte	Cueillette et taille, 10 journées × 0.90 = 9 »		9.50	même dépense		9.50
	Transport. 1/5 de journée à 2.50 = 0.50					
Égrénage et Séchage	8 journées mules à 0.75	6 »		d°		25.25
	2 conducteurs à 0.90	1.80				
	Alimentation des machines et rentrage 8 j. × 0.90 = 7.20		25.35			
	Amortissement et entretien des machines	1.55				
	Séchage, 10 j. × 0.90	9 »				
Emballage	1 homme fait 5 balles de 100 k.	0.90		d°		10.70
	Toile et fil à 1.20 par balle × 5 =	6 »	10 70			
	Entretien et amortissement de la presse	0.20				
	Manipulations diverses journées 4 × 0.90 = 3.60					
	Frais généraux coloniaux	80 »		d°		80 »
	A bras coût de l'hectare		287.75	et à la charrue		179.45

Produit d'un hectare :

1 hectare = 500 kil. coton net et 1,166 kil. graines.

1,166 kil. graines = 209 kil. huile et 956 kil. tourteaux.

Recettes :					
	500 kil.	coton	à 1.50 =	750 »	
	209 »	huile	à 0.75 =	156.75	
	956 »	tourteaux à 2 » =	19.15		
			Total	—	925.90

À reporter 925.90

```
                                                      Report.......  225.90
Dépenses :  Coût de culture...............................  287.75
            Coût de fabrication de l'huile à 20 fr. la tonne...    4.20
            Tramway, 700 kil. sur 100 kilomètres, à 0,24.....   29.05
            Mise à bord ................................    2.50
            Frêt pour l'Europe, 209 kil. à  61.11 la tonne...   12.78
                 d°         500 kil. à 122.22     d'   ...     61.12
            Droits de sortie 1°/. ad valorem s/ 500 fr........    5  »
            Assurance 6 °/. sur 906,75...................   54.28
            Déchargement et magasinage à 5 fr. la tonne....    3.55
            Frais généraux d'Europe 5°/. sur 906.75....... ·   45.85
            6 mois de terme à 8 °/....................   27.14
                                    Total.......  ——————   532.72
                                    Bénéfice..............   399.18   ou    73.80 °/. du coût.
            Avec culture à la charrue, la dépense....  532.72
                                    Moins......  108.30
                                    Devient ....  ——————   424.42
                 Ce qui porte le bénéfice complet à,........   501.48   ou    118.15 °/. du coût.
```

Comme nous cultiverons les meilleures espèces, le prix de vente pourra être plus élevé ; le
frêt est compté au double, et les frais de manutention un peu forcés : le résultat, quoique très beau
déjà, peut donc s'améliorer dans la pratique.

DU CAFÉ

L'espèce cultivée dans l'Angola est le moka, qui y fut apportée par les jésuites et qui, depuis,
s'est propagée d'elle-même sur presque tous les points, dans les buissons. La plupart des caféières
sont naturelles ; lorsqu'on en découvre une, on débarrasse les plants des arbustes et des broussailles, et on n'a plus qu'à entretenir le terrain bien propre. Mais il y a aussi des plantations fort judi-
cieusement établies, et ce sont elles qui donnent les plus beaux et les plus abondants produits.

Le caféier se plaît sur le penchant des montagnes, à mi-côte, c'est là qu'il donne les produits
les plus fins ; mais il vient bien aussi dans la plaine où il rend considérablement. Son rendement
varie avec l'altitude, au sommet des hautes montagnes il donne 0 kil. 750 par pieds, dans l'Angola ;
et dans les conditions ordinaires, de 1 kil. à 3 kil. 500 par pieds. Les terrains ferrugineux lui convien-
nent le mieux, et ces terrains abondent dans la province, notamment dans les districts de Casengo,
d'Ambaca et du duc de Braganza. Il craint la trop grande ardeur du soleil et les grands vents ; on
l'abrite du soleil avec des pignons d'Inde, arbre à feuille caduque, dont le feuillage fournit un bon
engrais pour le sol et produit des fruits abondants dont on extrait une huile très purgative, excellente pour l'éclairage, que les Portugais exportent en grande quantité sous le nom de " Purgueira " ;
on se sert encore : d'orangers, d'arbres à pain, qui ont le défaut d'être très cassants, d'accacias
Lebbeck et surtout d'immortels. Contre le vent, les barrières consistent en acajoux à fruits, en pois
doux et en bananiers, que l'on plante sur les lisières au vent.

Plantation. Pour établir une caféière, on défonce le sol, quand la chose est possible, puis
l'on creuse des trous à la distance de 2 à 4 mètres de centre en centre en tous sens, en quinconce
autant qu'on le peut, et en ligne. Ces trous ont de 0 m. 50 à 0 m. 60 de profondeur, et on les creuse
un peu d'avance pour bien aérer la terre. De 10 mètres en 10 mètres, en tous sens, on sème un
arbre d'ombrage, et tous les quatre rangs, un rideau de bananiers ou autre espèce pour abriter du
vent. Les deux premières années, on sème entre les rangs, des haricots, des pois, du ricin ou des
carats-cocos, dont les récoltes couvrent les dépenses faites pour la plantation, et contribuent à tenir
le terrain propre. La troisième année, le caféier commence à produire, mais il ne produit bien que

la cinquième année; jusques-là, il couvre la dépense qu'il nécessite avec un léger excédant en plus comme bénéfice.

Semis. Le semis en place produit, dit-on, des arbres plus vigoureux et plus productifs, mais il est fort peu usité comme étant très coûteux. On sème en pépinière, dans une terre analogue à celle que les plants doivent occuper plus tard, à la distance de 0 m. 40 entre les rangs, et de 0 m. 08 à 0 m. 10 entre chaque plant. On paille le semis pour empêcher les terres de tasser par les grandes pluies, et on n'a plus qu'à entretenir le terrain frais et net de mauvaises herbes.

Transplantation. 8 à 10 mois après le semis, on comble les trous préparés d'avance sur la plantation, en ne laissant qu'un petit potet au milieu où on dépose le jeune plant avec sa motte, sans trop l'enterrer.

Entretien. La plantation faite, il n'y a plus qu'à entretenir le terrain bien propre. Dans nos colonies, on donne quatre façons à la terre par an, mais dans l'Angola, on nettoie seulement deux fois à la houe ou même une fois la houe et une fois à la serpe. Nous donnerons 4 façons, une à la houe à vigne, et trois à la houe plate; plus tard, ces trois dernières seront remplacées par la houe à cheval, lorsque le terrain permettra de l'employer, mais nous continuerons à faire un binage à la houe à vigne qui n'expose pas à blesser le chevelu qui pousse au pied des caféiers au moment de la floraison et a une grande influence sur cette dernière. Dans nos colonies, on compte qu'il faut un homme par hectare pour entretenir une plantation de café.

Taille. En Afrique, on ne taille pas les caféiers, on les débarrasse seulement des branches mortes. La taille serait-elle avantageuse? C'est une question à étudier.

Récolte. On cueille le café à la main, et un homme rapporte de 50 à 80 kil. de café net par jour; nous comptons 50 kil. seulement. Le caféier, produisant de 1 kil. à 3 kil. 500 par pieds, nous ne prendrons que 1 kil. 500 comme rendement moyen pour nos calculs.

Préparation du café. Il y a plusieurs méthodes de préparer le café, dont il est inutile de parler ici. Dans l'Angola, le café est passé au moulin à grager, lavé et séché sur des terrasses, puis pilé pour le polir et passé au blutoir. D'autres le laissent sécher en cerises, et le pilent ensuite pour le dégager de son enveloppe. Le séchage sur terrasses est très long, il dure de 35 à 45 jours, selon le degré d'humidité de l'atmosphère, et comme il faut rentrer tous les soirs le café au magasin, on ne compte que 30 à 40 kil. de café sec par homme, et par jour. Pour la préparation et l'emballage, on compte qu'un homme fait 100 kil. par jour environ.

Aux terrasses, nous substituerons l'étuve, bien plus expéditive pour sécher et, pour le surplus, nous emploierons des machines. On fait déjà des appareils qui préparent jusqu'à 4,000 boisseaux de café par jour, les trient en trois grosseurs et les vannent; mais pour nos calculs, nous nous basons sur les procédés actuellement employés pour ne pas faire l'étude de ces machines; nous avons donc la certitude de réaliser d'importantes économies par l'emploi des moyens mécaniques, et nos prix de revient sont des maximums que nous n'atteindrons pas.

Coût de la pépinière. Un hectare contient 250 rangs de 1,000 pieds chacun, soit 250,000 pieds. On met 3 ou 4 graines dans chaque petit trou, puis on éclaircit et on ne garde que le sujet le plus vigoureux.

```
Semence, 60 kil. à 1.50..................................    90   »
Défoncement du terrain, 50 journées à 0.90..........    45   »
Un labour léger pour ameublir, 30 journées ✕ 0.90 =  27   »
8 femmes pour semer........   8 journées ✕ 0.90 =    7.20
1 homme pour l'entretien ...............................   234   »
                                        Coût total....   403.20
```

30 °/. de perte sur 250,000 pieds, reste 112,000 pieds, soit 0 fr. 0036 par pied.

Nous les compterons à 0 fr. 01 l'un. Un hectare de pépinière peut donc fournir à la plantation de 125 hectares.

Coût de la plantation. On compte 900 pieds à l'hectare, et 1 homme fait 20 trous par jour, ce qui représente un déblai de 3 m. cubes.

$$
\begin{array}{llrcrcr}
\text{Défoncement du terrain} & \text{Journées} & 50 & \times & 0.90 & = & 45 \text{ »} \\
\text{Labour d'ameublissement} & \text{d}^\circ & 30 & \times & 0.90 & = & 27 \text{ »} \\
\text{Trous } \dfrac{900}{20} = 45 & \text{d}^\circ & 45 & \times & 0.90 & = & 40.50 \\
\text{Plantation des arbres d'ombre} & \text{d}^\circ & 4 & \times & 0.90 & = & 3.60 \\
\text{900 plants de café à 0.01} & & & & & & 9 \text{ »} \\
\text{Transplantation et mise en terre} & \text{d}^\circ & 4 & \times & 0.90 & = & 3.60 \\
& & & & \text{Coût total} & & \underline{128.70}
\end{array}
$$

La plantation dure de 50 à 70 ans, et son coût est plus que couvert par les récoltes que l'on fait les deux premières années entre les caféiers plantés.

Coût de la culture. Produit 900 pieds $\times$ 1 kil. 5 $= 1,350$ kil., à l'hectare.

$$
\begin{array}{llrrcrcr}
\text{1 binage à la houe à vigne} & \text{Journées} & 30 & & & & & \\
\text{3 d}^\circ \quad \text{d}^\circ \text{ plate} & \text{d}^\circ & \underline{90} & 120 & \times & 0.90 & = & 108 \text{ »} \\
\text{Entretien et surveillance} & \text{Journées} & & 40 & \times & 0.90 & = & 36 \text{ »} \\
\text{Elagage des caféiers} & \text{d}^\circ & & 10 & \times & 0.90 & = & 9 \text{ »} \\
\text{Cueillette } \dfrac{1,350 \text{ kil.}}{50 \text{ kil.}} = & \text{d}^\circ & & 27 & \times & 0.90 & = & 24.30 \\
\text{Grage et séchage} & \text{d}^\circ & & 75 & \times & 0.90 & = & 67.50 \\
\text{Préparation et emballage } \dfrac{1,350 \text{ kil.}}{100 \text{ kil.}} = & \text{d}^\circ & & 14 & \times & 0.90 & = & 12.60 \\
\end{array}
$$

Transport, 1 âne $=$ 50 kil. et fait 5 voyages par jour.

$$
\frac{1,350 \text{ kil.}}{50} = \frac{27 \text{ voyages}}{5} = 6 \text{ ânes} \times 150 \text{ »} = 90 \text{ » à } 30\% \quad 2.70
$$

$$
\begin{array}{lrcr}
\text{6 conducteurs à 0.90} & 5.40 & = & \underline{8.10} \\
& \text{Total} & & 265.50 \\
\text{Frais généraux coloniaux} & & & 160 \text{ »} \\
\text{Coût complet} & & & \underline{425.50}
\end{array}
$$

Coût et produit d'une tonne :

$$
\begin{array}{lr}
\text{Coût de culture } \dfrac{425.50 \times 1000}{1,350} = & 315.18 \\
\text{Sacs 20 à 1.25} & 25 \text{ »} \\
\text{Tramway. 230 kil. } \times 0.24 & 60 \text{ »} \\
\text{Embarquement} & 8 \text{ »} \\
\text{Droits de sortie} & 55.55 \\
\text{Frêt pour l'Europe} & 61.15 \\
\text{Déchargement et magasinage} & 10 \text{ »} \\
\text{Assurance, 6 \% sur 1,600 »} & 96 \text{ »} \\
\text{Frais généraux d Europe 5 \%} & 80 \text{ »} \\
\text{6 mois de terme 3 \%} & \underline{48 \text{ »}} \\
\text{Coût total} & 753.88 \\
\text{Valeur de vente} & 1,600 \text{ »} \\
\text{Bénéfice net à la tonne} & \underline{846.12} \text{ ou } 112.23 \text{ \% du prix de revient.}
\end{array}
$$

L'hectare produit donc : 1,350 kil. $\times$ 1.60 $= 2,160$ »

$$
\text{Dépenses diverses : } \frac{1,350 \text{ kil.} \times 753.88}{1000} = 1,017.74
$$

$$
\text{Bénéfice : } \frac{1,350 \text{ kil.} \times 846.12}{1000} = 1,142.26 = 112.23 \%.
$$

Résultat qui s'améliorera par l'emploi des machines, par l'augmentation du rendement moyen par pied et par celle du prix de vente, qui pourra arriver à dépasser 2,000 francs, avec des cafés bien triés et soigneusement préparés.

DU CACAO

On cultive encore fort peu le cacaoyer dans l'Angola, il u'y vient pas naturellement, il faut le planter, et comme il ne donne bien que vers la sixième année de son existence, on le délaisse. Il dure aussi bien moins longtemps que le caféier.

Sa culture est la même que celle du caféier; on le fait seulement sécher, puis on le pile, on le vanne et on le met en sacs. La récolte et sa préparation exigent donc moins de monde, comme on le verra ci-après. Il sera utile d'introduire les procédés de fermentation qui, développant l'arôme de la fève, lui donnent une plus grande valeur de vente; c'est par ce moyen qu'on produit le cacao carraque. La fermentation s'obtient en mettant les fèves en tas et en les recouvrant de terre, mais la difficulté consiste à en arrêter les effets au moment précis; le concours d'un pon contre-maître sera indispensable pour cela.

La plantation des cacaoyers est plus espacée que pour le caféier, l'hectare ne contient que 400 pieds, et la production varie de 5 à 7 kilos par pied. Nous ne comptons qu'un rendement de 4 kilos.

Nous ne faisons pas de prix de revient pour la pépinière et la plantation, ceux du caféier suffisent, et, comme ces derniers, ils sont couverts par les récoltes des premières années.

Coût de la culture d'un hectare. Production : 400 pieds $\times$ 4 kilos = 1,600 kilos.

4 binages dont 1 à la houe à vigne, journées	120 $\times$ 0.90 =	108	»
Entretien et surveillance, d°	30 $\times$ 0.90 =	27	»
Elagage des cacaoyers. d°	4 $\times$ 0.90 =	3.60	
Cueillette $\dfrac{1\,600 \text{ k.}}{80 \text{ k.}}$ d°	20 $\times$ 0.90 =	18	»
Séchage et fermentation, d°	90 $\times$ 0.90 =	81	»
Préparation et emballage $\dfrac{1,600 \text{ k.}}{200 \text{ k.}}$ d°	8 $\times$ 0.90 =	7.20	
Transport, 6 ânes et 6 conducteurs....................		8.10	
Total,.............		252.90	
Frais généraux coloniaux..............		160	»
Coût complet............		412.90	

Coût et produit d'une tonne :

Coût de culture $\dfrac{412.90 \times 1,000}{1,600} =$	258.06	
Sacs, 32 à 1.25..............................	40	»
Tramway, 250 kil. à 0.24........................... .	60	»
Embarquement	4.80	
Droits de sortie...................................	14	»
Fret pour l'Europe................................	78.59	
Déchargement et magasinage.....	15	»
Assurance, 6 °/. sur 1,400 »..................	84	»
Frais généraux d'Europe 5 °/............................	70	»
6 mois de terme..................................	42	»
Coût total.....	666.45	
Valeur de vente..... 1,400 »		
Bénéfice net à la tonne......	733.55	ou 110.07 °/. du prix de revient

L'hectare produit donc : 1,600 k. $\times$ 1.40 = 2,240 »

Dépenses diverses : $\dfrac{1,600 \text{ » } \times 666.45}{1,000}$ = 1,066.32

Bénéfice : $\dfrac{1,000 \text{ k. } 733.55}{1,000}$ = 1,173.68 ou 110.07 du revient.

L'augmentation du rendement par pied et l'élévation du prix de vente que produira l'emploi de la fermentation, viendront certainement améliorer ce résultat.

DEVIS GÉNÉRAL DES CULTURES

Pour donner une idée générale aussi précise que possible de l'ensemble de nos cultures, nous en établissons le devis approximatif dans le tableau ci-après, en prenant pour bases la répartition des cultures telle que nous l'avons indiquée dans l'exposé général de notre projet et les prix de revient et rendements qui précèdent.

	Cannes	Sucrerie	Coton	Sorgho	Tabac	Café	Cacao	Totaux
Journées, nombre.....	324,154	180.000	639,000	82,200	862,500	858.000	272,000	9,222,854
Salaires..............	296,270 »	162,000 »	575,100 »	78,080 »	776,250 »	772,200 »	244,800 »	2,900,600 »
Transport des récoltes.	24,990 »	»	1,500 »	14,100 »	6,000 »	24,300 »	8,100 »	78,990 »
Frais génér. coloniaux.	114,240 »	125,000 »	240,000 »	48,000 »	240,000 »	480,000 »	160,000 »	1,407,240 »
Entretien et amortissement des machines..	»	97,500 »	28,650 »	18,000 »	»	»	»	144,150 »
Magasin général.	»	50,000 »	»	»	»	»	»	50.000 »
Bois de chauffage	»	100,000 »	»	»	»	»	»	100,000 »
Noir animal.....	»	20,000 »	»	»	»	»	»	20,000 »
Huiles et graisses	»	5,000 »	»	»	»	»	»	5,000 »
Laboratoire......	»	12,500 »	»	»	»	»	»	12.500 »
Emball.. Sacs et toiles	»	55,000 »	18,000 »	»	»	101,250 »	64,000 »	238,250 »
Tonnellerie,		12,500 »	»	»	»	»	»	12,500 »
Distillation frais comp.	»	50,000 »	»	259,650 »	»	»	»	309,650 »
Fabric, d'huile frais complets.........	»	»	12,600 »	»	»	»	»	12,600 »
Tramway..........	»	64,800 »	87.150 »	»	288,000 »	243,000 »	96,000 »	778,950 »
Mise à bord........	»	13,500 »	7,500 »	»	24,000 »	12,150 »	7,680 »	64,830 »
Droits de sortie.....	»	18,500 »	15,000 »	»	168,000 »	224,977.50	22,400 »	443,877.50
Impôts de consommation	»	30,355.55	»	103,780	»	»	»	196,335.55
Frêt pour l'Europe...	»	247,000 »	221,700 »	»	412,560 »	247,657.50	125.744 »	1,255,161.50
Assurance..........	»	135,000 »	162,840 »	»	363,000 »	388,800 »	134,400 »	1,181,040 »
Décharg..magasinage	»	18,000 »	10,650 »	»	30,000 »	40,500 »	24,000 »	128,150 »
Frais généraux d'Europe	»	112,500 »	136,050 »	»	300,000 »	324,000 »	112,000 »	984,550 »
Terme ou escompte...	»	67.500 »	81,420 »	»	180.000 »	194,400 »	67,200 »	590,520 »
	435,500 »	1,392,355.55						
Prix de revient...	1,827,855.55		1,598,160 »	519,510 »	2,784,810 »	3,053,235 »	1,086,324 »	10.849,894.55
Bénéfice net......	822,144.45		1,179,540 »	692,190 »	3,215,190 »	3,426,765 »	1,179,676 »	10.509.505,45
Prix de vente.....	2,650,000 »		2,777,700 »	1,211.700 »	6,000,000 »	6,480,000 »	2,240,000 »	21.359,400 »
Bénéfice proportionnel sur le coût	44.98 %		73.80 %	133.23 %	115.45 %	112.28 %	110.07 %	96.86 %
Nombre d'hectares cultivés...	714		3.000	900	1 500	3.000	1.000	9,514
Prix de revient à l'hectare....	2,560.02		532.72	1,731.70	1,856.54	1,017.75	1,066.32	1,140.42
Bénéfice à l'hectare........	1,151.46		393.18	2,307.30	2.143.46	1,142.25	1,173.68	1,104.63
Produit de l'hectare.....	3,711.48		925.90	4,039 »	4,000 »	2,160 »	2,240 »	2.245.05

Ces résultats sont des minimums, ainsi que nous l'avons expliqué en dressant le prix de revient de chaque culture, et peuvent être atteints en cinq ans pour toutes les cultures et les industries agricoles, à l'exception du café et du cacao, qui ne commenceront à produire sérieusement que la septième année, et ne seront tous en plein rapport que la dixième année.

Afin de bien démontrer que nos prix de revient sont des maximums et qu'ils méritent toute la confiance que nous demandons pour eux, nous allons examiner en détail chacune des dépenses du tableau précédent.

Salaires. Le nombre des journées, 3,222,854, représentent à 260 jours l'un.   12,372 hommes

Ajoutons-y pour la culture de 1,986 hectares pour nourriture, un homme par hectare..   1,986   —

Ensemble.........   14,358 hommes

Plus, pour malades et infirmes 5 %......   717   —

Total........   15,075 hommes

Le salaire personnel par homme à 83.33 × 15,075 = 1,256,199 75
Habillement, 15 fr., que nous portons à 30 × 15,075 = 452,250 »
Couchage et logement............ 10 × 15,075 = 150,750 »

Total............ 1,859,199 75
Nous avons porté en dépense.............. 2,900,600 »
Reste applicable à la nourriture............. 1,041,400 25

En donnant 45 réis par jour, soit 0.25, l'homme est tenu de se nourrir ; mais comme il le fait très mal, pour nous attacher les noirs et en obtenir un meilleur travail, nous les nourrirons et nous leur ferons manger de la viande dont ils sont très friands. A 0 k.500 par jour et par homme, il faudrait $\dfrac{2,751,187\ \text{k. 5}}{200\ \text{k. poids d'un bœuf}} = 13,751$ bœufs à 40 fr. l'un.. 550,040 »

Il reste donc disponible........ 491,360 25

pour la boisson, les condiments, etc., somme plus que suffisante. C'est 0.1527 par homme et par jour.

En plus des 0 k. 500 de viande, nous leur allouerons 2 kilos de grains par jour, ou la farine et les légumes correspondants qui nous seront fournis par les cultures, et dont le coût de façon est payé dans les mains-d'œuvre ci-dessus.

Les 1,986 hectares cultivés pour cet objet fourniront trois récoltes en maïs, ou deux récoltes en maïs et une récolte de carats-cocos ou racines dont les produits sont énormes. Calculant sur trois récoltes en maïs à 55 hectolitres l'une (le maïs produit jusqu'à 75 et même 80 hectolitres à l'hectare), soit 165 hectolitres pour l'année ; le rendement total sera 327,690 hectolitres, qui, à 85 kilos, poids d'un, donnent en grains... 27,853,650 kil.

Pour nourrir 15,075 hommes à 2 kilos par jour, il faut seulement........... 11,004,750 —

Excédant....... 16,848,900 kil.

pour la nourriture des animaux, auxquels viendront s'ajouter les produits des cultures dérobées, des plantations d'abris contre les vents, les résidus des distilleries, etc. La nourriture des gens et celle des animaux est donc parfaitement assurée, et dans des conditions d'abondance et de richesse nutritive bien supérieures à celles actuelles, avec le prix du salaire que nous avons adopté qui couvre toutes les dépenses.

Nous aurons même un boni assez fort sur la paye des hommes, qui se fait généralement en marchandises, c'est au moins 15 % sur 1,256,199.75 = 188,429.95 ; ce chapitre est donc largement couvert.

Transport des récoltes. Ce chiffre est très peu important, et l'on a pu voir aux prix de revient que nos calculs correspondaient bien aux besoins.

Frais généraux coloniaux. Nos frais généraux peuvent s'évaluer comme suit :

Surveillance et entretien.......

1 régisseur	par 800 hommes	= 50	× 5,000	»	=	250,000 »
1 contre-maître	d° 50	d° = 302	× 500	»	=	151,000 »
1 tailleur	d° 200	d° = 75	× 900	»	=	67,500 »
1 cordonnier	d° 200	d° = 75	× 900	»	=	67,500 »
1 forgeron	d° 400	d° = 38	× 1,000	»	=	38,000 »
1 charpentier	d° 400	d° = 38	× 1,000	»	=	38,000 »
1 tonnelier	d° 600	d° = 25	× 900	»	=	22,500 »
1 infirmier	d° 500	d° = 30	× 350	»	=	10,500 »
1 cuisinière	d° 25	d° = 603	× 300	»	=	180,900 »
1 blanchisseuse	d° 50	d° = 302	× 234	»	=	70,668 »
5 maîtres de labour....................	à 6,000	»	=			30,000 »
5 chefs d'ateliers, serruriers-mécaniciens..	à 5,000	»	=			25,000 »
5 chefs charpentiers................	à 4,800	»	=			24,000 »

A reporter 975,568 »

				Report	975,568 »
Administration Centrale.......	1 directeur colonial, à Loanda....................			24,000 »	
	1 médecin en chef	d°	....	12,000 »	
	1 chef comptable	d°	....	12,000 »	
	4 employés de bureau	d°	.... à 4,000 » =	10,000 »	
	2 garçons de bureau	d°	.... à 300 » =	600 »	
	1 chef des exportations, agent en douane..............			10,000 »	
	2 magasiniers...................... à 3,000 » =			6.000 »	
	Divers et imprévu....................			6,400 »	
					87.000 »

Les manutentions sont comprises aux dépenses pour 64,830 » sous le titre de mise à bord.

Administration d'un lot........	1 directeur, ingénieur agricole ......, ...			12,000 »	
	1 médecin.....................................			10,000 »	
	1 vétérinaire..................................			8,000 »	
	1 chimiste ou pharmacien			8,000 »	
	1 comptable...................................			6,000 »	
	2 employés...................... à 3,000 » =			6,000 »	
	4 magasiniers.................... à 600 » =			2,400 »	
	Divers et imprévu.............................			2,600 »	
	Total pour un..............			55,000 » × 5 =	275,000 »
Personnel temporaire..........	1 chef de culture du tabac, système américain.........			10,000 »	
	1	d°	d° système havanais..........	10,000 »	
	1	d°	du coton, système américain.........	10,000 »	
	1	d°	du café et du cacao..............	10,000 »	
					40,000 »
	Total...........				1,377,568 »
	Nous avons ressorti en dépense...........				1,407,240 »
	Soit en plus........				29,672 »

Personnel temporaire : Pour obtenir de suite, sans tâtonnements onéreux, des produits parfaits, bien préparés, dont les prix restent toujours élevés.

Mais il faut observer que ces frais portent tous sur les cultures et qu'ils ne seront pas sensiblement augmentés par la partie commerciale de l'entreprise. Nous aurons à ajouter seulement :

Administration Centrale.......	1 chef des importations....................			12,000 »	
	2 employés...............................			8,000 »	
	2 garçons de bureau......................			600 »	
	2 magasiniers............................			6,000 »	
	Divers et imprévu........................			3,400 »	
					30,000 »
Pour chaque établissement....	1 agent commercial.......................			10.000 »	
	4 employés.................... à 3,500 =			14,000 »	
	4 magasiniers................. à 600 =			2,400 »	
	Divers et imprévu........................			1,600 »	
	Total...........			28,000 » × 5 =	140,000 »
Comptoirs détachés...........	1 agent commercial.......................			12,000 »	
	4 employés.................... à 4,000 » =			16,000 »	
	8 magasiniers................. a 600 » =			4.800 »	
	Divers et imprévu........................			2,200 »	
	Total..............			35,000 » × 4 =	140,000 »
	Total général.................				310,000 »

Comptoirs détachés : 1. Duc de Braganza — 2. Sonza — 3. Tala-Mungongu — 4. Cassongo.

Avec ce personnel, on peut faire 20 à 40 millions d'échanges avec les indigènes, et ces affaires n'auront, comme on le voit, qu'un chiffre insignifiant à couvrir pour frais généraux. Ce chapitre est donc bien pourvu.

Entretien et amortissement des machines. Tous les chiffres sont basés sur un intérêt à 6 %, et amortissement en cinq ans, ce qui paraîtra certainement très suffisant.

Sucrerie. Toutes les dépenses étant calquées sur celles d'une usine en marche actuellement dans une colonie où la main-d'œuvre est bien plus élevée que dans l'Angola, nous croyons inutile de les discuter. Nous ferons remarquer, toutefois, que le bois ne nous coûtera que le transport, et que nous ne dépenserons pas assurément le chiffre de 100,000 francs que nous avons attribué à cet article.

Distillation et fabrication d'huile. Même observation que pour la sucrerie.

Tramway. La dépense s'élève à 778,950 francs, qui, à 0,24 la tonne kilométrique, représente un total de 3,245,625 tonnes transportées à un kilomètre.

$$
\begin{aligned}
&\text{Frais fixes par kilomètre, } 1,500 \times 300 \text{ kil.} = 450,000 \quad \text{»} \\
&\text{Traction doublée, } 3,245,625 \text{ T} \times 0,135 = \underline{\quad 338,159.37} \\
&\hspace{3cm} \text{Total à couvrir} \dots\dots \quad 788,159.37 \\
&\hspace{3cm} \text{Nous n'avons que} \dots\dots \quad \underline{778,950 \quad \text{»}} \\
&\hspace{2cm} \text{Il y aurait une insuffisance de} \dots \quad 9,209.37
\end{aligned}
$$

Ce qui tient à ce que le parcours moyen d'une tonne n'a été que de 180.6 kilomètres et que les frais fixes sont ceux de 300 ; mais le tramway servira aussi au commerce, et si son tonnage équivalait seulement à celui des cultures, la réduction serait de 225,000 francs, ce qui nous laisserait un boni de 215,790.63, plus la valeur des transports en remonte au tarif simple, laquelle estimée seulement au quart du tonnage en descente donnerait 194,724.34. D'aucune façon, ce chapitre ne peut donner lieu à un mécompte.

Mise à bord. Cette dépense doit être annexée aux frais généraux, ainsi que nous l'avons déjà dit.

Droits de sortie. — Impôts de consommation. Nos chiffres sont établis sur les tarifs officiels de la colonie. Ils s'élèvent ensemble à 580,213.05 ; mais nous aurons encore des droits d'entrée sur les marchandises destinées au payement de nos salaires, et quand nos échanges atteindront un chiffre équivalant à celui de nos cultures, nous fournirons un contingent d'au moins 2 millions au Trésor portugais. Les recettes générales de la province étant actuellement de 3,300,000 francs par an, nous les augmenterons donc de deux tiers en plus, et ceci peut indiquer la mesure de la considération dont, en dehors des appuis et des promesses faites, nous jouirons dans la colonie, à laquelle nous apporterons ainsi la prospérité et la vie.

Frêt. Le tonnage est de 17,963 T 5 en lourd et transformé d'après la composition du tonneau d'affrètement en France, de 22,460 tonneaux.

Les voyages s'arrêtant à Loanda, chaque steamer fera quatre voyages et demi par an, au lieu de quatre, lorsqu'il ira à Benguella et Mossamèdes, à 2,000 T par voyage, soit pour l'année 8,500 T.

Il faudra donc $\dfrac{22,460}{8,500} = 2.6424$ steamers pour transporter.

$$
\begin{aligned}
&\text{Un steamer allant jusqu'à Mossamèdes, coûte par année} \dots\dots\dots\dots\dots\dots & 453,221.92 \\
&\text{Moins 252 T charbon non brûlées pour Mossamèdes} \dots\dots\dots\dots\dots\dots & \underline{6,300 \quad \text{»}} \\
&\hspace{6cm} \text{Reste} \dots\dots\dots\dots & 446,921.92 \\
&\text{Plus : charbon pour chauffe d'un demi-voyage, } 350 \text{ T} \times 30 \dots\dots\dots\dots & 10,500 \quad \text{»} \\
&\text{Pour droits de ports et menues dépenses, } \tfrac{1.800}{2} \dots\dots\dots\dots\dots & \underline{900 \quad \text{»}} \\
&\hspace{4.5cm} \text{Coût complet par année} \dots\dots\dots & 458,321.92 \\
&\text{Nous avons sorti en dépenses une somme de} \dots\dots\dots\dots\dots\dots & 1,255,161.50 \\
&\text{Steamers, coût complet, } 458,321.92 \times 2.6424 \dots\dots\dots\dots\dots & \underline{1,211,069.85} \\
&\hspace{5cm} \text{Il nous reste comme boni} \dots\dots & 44,091.65 \\
&\text{Mais l'intérêt du steamer est compris dans le coût, soit } 69,000 \times 2.6424 \dots & \underline{182,325.60} \\
&\hspace{4.5cm} \text{Ce qui élève le boni à} \dots\dots\dots\dots & 226,417.25
\end{aligned}
$$

plus tout le tonnage des steamers aux voyages d'aller, les dépenses étant entièrement couvertes par les voyages de retour.

Assurances. Nos expéditions restant moins de 30 jours en mer, la prime à 6 °/₀ par an aurait
dû être calculée seulement à 1/2 °/₀, soit.................................... 98,420 »
mais nous l'avons comptée au taux de l'année pour avoir..................... 1,082,620 »
comme réserve pour parer à toutes éventualités............................. 1,181 040 »

Nous ne pensons pas avoir besoin de cette ressource, nos calculs ayant tout prévu très largement. Cette somme, destinée à nous assurer contre un oubli, deviendra donc, par le fait, un boni.

Frais généraux d'Europe. Déchargement et magasinage. Ces derniers s'élèvent à
123,450 francs ; pour parer à leur insuffisance possible nous compterons pour les frais généraux de l'agence du Havre, qui se composera d'un chef et de 10 à 12 employés coûtant au plus 60,000 francs, une somme de . . . . Fr. 100,000 »

A Paris, nous aurons : 1 secrétaire du Conseil, 1 chef de comptabilité, 1 chef de correspondance, 1 caissier, 1 acheteur et 16 à 20 employés pouvant coûter ensemble. . . . . Fr. 120,000 »
et pour loyers des bureaux, magasins et autres dépenses . . . . 30,000 »

Soit ensemble environ . . . . 150,000 »

Total. . . . . 250,000 »

La dépense sortie donnant un chiffre de. . . . . 984,550 »
Il resterait disponible, pour le Conseil, les délégués, le timbre, etc. . . . . . Fr. 734,550 »

Ce chapitre nous semble très largement doté avec les cultures seules et les prévisions appliquées, pour cet objet, aux prix de revient du commerce, resteront très probablement comme boni.

Terme de paiement. Escompte. Cet article est une dépendance des frais généraux et comme le terme de 6 mois est un maximum que nous avons appliqué à tous les produits, sans exception, nous estimons que dans la pratique le chiffre de 590,520 francs ressorti aux dépenses ne sera pas atteint et nous laissera, lui aussi, un boni.

Nous avons l'espoir que les explications qui précèdent en établissant l'extrême prudence que nous avons apportée à nos calculs et prévisions seront suffisantes pour démontrer que notre entreprise peut facilement obtenir les grands résultats que nous annonçons et qu'elle offre une sécurité absolue aux capitaux qui s'y engageront.

DÉVELOPPEMENT PROGRESSIF DES CULTURES

Pour fournir une idée du développement progressif que nous nous proposons de donner aux cultures et servir de bases à l'établissement du rendement général approximatif de l'entreprise, nous répartissons dans les tableaux ci-après les dépenses et les recettes par années jusqu'au rapport complet des plantations.

L'année de culture commence au 1ᵉʳ mai ; il serait impossible de brûler les arbres avant cette époque, qui est celle qui convient le mieux à l'acclimatation des Européens. Jusqu'à la fin d'octobre, ceux-ci n'ont rien à redouter des fièvres qui surviennent souvent dans les défrichements, et pendant ces six mois ils pourront s'accoutumer au climat, ce qui, avec les précautions hygiéniques nécessaires, leur permettra ensuite de résister parfaitement aux influences de la saison chaude qui est également celle des pluies.

— 44 —

On comprendra facilement que nos chiffres n'ont rien d'absolu, il faut laisser une grande marge à l'imprévu dans les 3 ou 4 premières années surtout, qui pourront subir des modifications plus ou moins importantes ; mais nous croyons bien cependant pouvoir suivre la progression que nous indiquons si nos préparatifs sont faits en temps opportun, et pour la 5e année, en tous cas, le mouvement sera certainement régularisé. Pour avoir une année bien complète, il faudrait que nous puissions prendre possession du 1er lot de terre avant le 1er mai prochain et expédier notre matériel pour commencer nos abattages de bois pendant le courant de ce mois de mai. Il serait donc nécessaire que la Société se constituât promptement pour avoir le temps de préparer tout ce qui est indispensable à l'expédition, composer le personnel et faire procéder à la délimitation du lot.

TABLEAU DES RECETTES GÉNÉRALES DES CULTURES

Produit général.	Durée	1e année.	2e année.	3e année.	4e année.	5e année.	7e année.	8 année.	9e année.	10e année.
Coton... 2,777,700 »	5	555,540 »	555,540 »	555,540 »	555,540 »	555,540 »	»	»	»	»
Tabac... 6,000,000 »	5	1,200,000 »	1,200,000 »	1,200,000 »	1,200,000 »	1,200,000 »	»	»	»	»
Sorgho.. 1,211,700 »	3	403,900 »	»	403,900 »	»	403,900 »	»	»	»	»
Sucrerie. 2,650,000 »	2	»	»	1,325,000 »	1,325,000 »	»	»	»	»	»
Café.... 6,480,000 »	4	»	»	»	»	»	1,620,000 »	1,620,000 »	1,620,000 »	1,620,000 »
Cacao... 2,240,000 »	4	»	»	»	»	»	560,000 »	560,000 »	500,000 »	560,000 »
21,359,400 »		2,159,440 »	1,755,540 »	3,484,440 »	3,080,540 »	2,159,440 »	2,180,000 »	2,180,000 »	2,180,000 »	2,180,000 »
Produits antérieurs...		»	2,159,440 »	3,914,080 »	7,399,420 »	10,479,060 »	12,639,400 »	14,819,400 »	16,999,400 »	19,179,400 »
Recett. génér. pr années		2,159,440 »	3,914,980 »	7,399,420 »	10,479,960 »	12,639,400 »	14,819,400 »	16,999,400 »	19,179,400 »	21,359,400 »

TABLEAU DES DÉPENSES GÉNÉRALES DES CULTURES

Dépenses générales.	Durée	1e année.	2e année.	3e année.	4e année.	5e année.	7e année.	8e année.	9e année.	10e année.
Coton... 1.598.160 »	3	319,632 »	319,632 »	319,632 »	319,632 »	319,632 »	»	»	»	»
Tabac... 2,784,810 »	5	556,962 »	556,962 »	556,962 »	556,962 »	556,962 »	»	»	»	»
Sorgho . 319,510 »	3	173,170 »	»	173,170 »	»	173,170 »	»	»	»	»
Sucrerie. 1,827,855.35 »	2	»	»	913,927.75	913,927.75	»	»	»	»	»
Café.... 3,053,235 »	4	»	»	»	»	»	763,308.75	763,308.75	763,308.75	763,308.75
Cacao... 1,066,324 »	4	»	»	»	»	»	265,581 »	265,581 »	265,581 »	265,581 »
10,849,894.35		1,049,764 »	876,594 »	1,963,691.75	1,790,524.80	1,049,764 »	1,029,889.75	1,029,889.75	1,029,889.75	1,028,858.75
Produits antérieurs...		»	1,049,764 »	1,926,358 »	3,800,049.75	5,680,571.55	6,730,335.55	7,760,225.30	8,790,115.05	9,820,004.80
Dép. génér. par années		1,049,764 »	1,926,358 »	3,890,040.75	5,680,571.55	6,730,335.55	7,760,225.30	8,790,115.05	9,820,004.80	10,849,894.35
Bénéfices bruts........		1,109,676 »	1,988,622 »	3,500,370.25	4,799,388.43	5,909,064.48	7,059,174.70	8,209,284.95	9,359,395.20	10,509,505.45
Total égal aux Recettes.		2,159,440 »	3,914,980 »	7,399,420 »	10,479,960 »	12,639,400 »	14,819,400 »	16,999,400 »	19,179,400 »	21,359,400 »

Nous n'avons pas d'augmentation de produit pour la 6e année dont le rendement sera celui de la 5e, et ce n'est qu'à partir de la 7e année que les caféiers et les cacaoyers commencent à donner des récoltes normales.

Voici maintenant le devis général du matériel nécessaire à l'exploitation.

DEVIS GÉNÉRAL DU MATÉRIEL

	1re année	2e année	3e année	4e année	5e année	6e année	7e année	8e année	9e année	10e année	TOTAL
1 maison et magasins à Loanda	40.000 »	»	»	»	»	»	»	»	»	»	40,000 »
Par lot : 1 maison de Directeur	6.000 »	6.000 »	12.000 »	6.000 »	»	»	»	»	»	»	30,000 »
1 — pour Docteur et Infirmerie	4.000 »	4.000 »	8.000 »	4.000 »	»	»	»	»	»	»	20,000 »
1 — pour Agent commercial	4.000 »	4.000 »	8.000 »	4.000 »	8.000 »	4.000 »	4.000 »	»	»	»	36,000 »
3 — pour Chimiste, Comptable et Vétérinaire	9.000 »	9.000 »	18.000 »	9.000 »	»	»	»	»	»	»	45,000 »
3 — pour les employés à 2,400 »	7.200 »	7.200 »	11.400 »	7.200 »	4.800 »	2.400 »	2.400 »	»	»	»	45,800 »
3 — pour chef de labour et d'atelier à 2,000 »	6.000 »	6.000 »	12.000 »	6.000 »	»	»	»	»	»	»	90,000 »
1 Écurie 110 m. × 12 m. = 1,350 mq. × 5 =	6.600 »	6.600 »	13.200 »	6.600 »	»	»	»	»	»	»	33,000 »
Bétonnages, fosses et mangeoires	1.400 »	1.400 »	2.800 »	1.400 »	»	»	»	»	»	»	7,000 »
3 Magasins 300 m. × 12 m = 3,600 mq. × 7 »	25.200 »	25.200 »	50.400 »	25.200 »	»	»	»	»	»	»	126,000 »
Forge et charpenterie 20 m. × 10 m. = 200 mq. × 8 »	1.600 »	1.600 »	3.200 »	1.600 »	»	»	»	»	»	»	9,000 »
Tailleurs et cordonniers 15 m. × 10 m. = 150 mq. × 8 »	1.200 »	1.200 »	2.400 »	1.200 »	»	»	»	»	»	»	6,000 »
Barraques et mobilier pour 16,282 hommes à $120\,» = \frac{1{,}953{,}840\,»}{5} = 390{,}768$ par lot, dépense en 5 ans.	78.154 »	156.308 »	312.616 »	390.770 »	390.770 »	312.616 »	234.462 »	78.154 »	»	»	1,953,840 »
Cuisines à 300 » × 603 = $\frac{180.900\,»}{5} = 36{,}180$ » par lot, dépense en 5 ans.	7.236 »	14.472 »	28.944 »	36.180 »	36.180 »	28.944 »	21.708 »	7.236 »	»	»	180,900 »
Maisons pr les Régisseurs à 2,000 » × 50 = $\frac{100.000\,»}{5} = 20{,}000$ » par lot, dépense en 5 ans.	4.000 »	8.000 »	16.000 »	20.000 »	20.000 »	16.000 »	12.000 »	4.000 »	»	»	100,000 »
Bâtiments pour distillerie à 10.000 » l'un	10.000 »	10.000 »	»	10.000 »	»	»	»	»	»	»	30,000 »
— pour huilerie	6.000 »	»	»	»	»	»	»	»	»	»	6,000 »
Sucrerie. Bâtiments et outillage, en 2 ans	»	1.325.000 »	275.000 »	»	»	»	»	»	»	»	1,600,000 »
Matériel des distilleries et pose	30.000 »	30.000 »	»	30.000 »	»	»	»	»	»	»	90,000 »
— de l'huilerie	35.000 »	»	»	»	»	»	»	»	»	»	35,000 »
Outils pour 15.075 hommes × 20 » = $\frac{301{,}500\,»}{5} = 60{,}300$ » par lot, dépense en 5 ans.	12.060 »	24.120 »	48.240 »	60.300 »	60.300 »	48.240 »	36.180 »	12.060 »	»	»	301,500 »
Egrénoirs à coton, maïs et sorgho, en 5 ans	10.000 »	10.000 »	20.000 »	10.000 »	»	»	»	»	»	»	50,000 »
20 moulins à farine à 2,000 », en 8 ans	4.000 »	4.000 »	8.000 »	4.000 »	6.000 »	6.000 »	4.000 »	4.000 »	»	»	40,000 »
Machines pour le café, 60.000 », en 2 ans	»	»	»	»	30.000 »	30.000 »	»	»	»	»	60,000 »
100 charrettes à 400 » = 40,000 » en 5 ans	8.000 »	8.000 »	16.000 »	8.000 »	»	»	»	»	»	»	40,000 »
100 harnais à 50 » = 5,000 », en 5 ans	1.000 »	1.000 »	2.000 »	1.000 »	»	»	»	»	»	»	5,000 »
3 presses à coton à 1,200 » = 3,600 »	1.200 »	»	1.200 »	»	1.200 »	»	»	»	»	»	3,600 »
100 charrues diverses à 300 » = 30,000 ». en 7 ans	1.500 »	1.500 »	3.000 »	6.000 »	6.000 »	6.000 »	6.000 »	»	»	»	30,000 »
50 houes à cheval à 400 » = 20,000 ». en 7 ans	1.000 »	1.000 »	2.000 »	4.000 »	4.000 »	4.000 »	4.000 »	»	»	»	20,000 »
50 rouleaux divers à 80 » = 4,000 », en 7 ans	200 »	200 »	400 »	800 »	800 »	800 »	800 »	»	»	»	4,000 »
30 moissonneuses à 1,200 » = 36,000 », en 7 ans	2.400 »	2.400 »	4.800 »	4.800 »	6.000 »	7.200 »	8.400 »	»	»	»	36,000 »
1.500 brouettes à 8 » = 12,000 », en 4 ans	3.200 »	3.200 »	3.200 »	2.400 »	»	»	»	»	»	»	12,000 »
Bascules, balances, poids. 30,000 », en 7 ans	5.000 »	5.000 »	12.000 »	6.000 »	1.000 »	500 »	500 »	»	»	»	30,000 »
Coupe-racines, pompes et divers, 56,000 », en 7 ans	7.000 »	7.000 »	14.000 »	7.000 »	7.000 »	7.000 »	7.000 »	»	»	»	56,000 »
2 machines à battre avec moteur, 14.000 » l'une	»	»	»	»	14.000 »	»	14.000 »	»	»	»	28,000 »
6 locomobiles et scieries à 15,000 » = 90,000 »	15.000 »	15.000 »	30.000 »	15.000 »	15.000 »	»	»	»	»	»	90,000 »
Voie ferrée et matériel du fleuve Congo	600.000 »	600.000 »	600.000 »	600.000 »	600.000 »	2.125.000 »	»	»	»	»	5,125,000 »
Mulets	91.200 »	45.600 »	165.600 »	253.000 »	264.200 »	»	278.600 »	278.600 »	273.600 »	273.600 »	1,914,000 »
Wagons	77.000 »	29.000 »	120.000 »	200.000 »	260.000 »	»	233.000 »	233.000 »	233.000 »	233.000 »	1,628,000 »
1 petit remorqueur pour Loanda	25.000 »	»	»	»	»	»	»	»	»	»	25,000 »
8 chalands pour décharger et charger à Loanda	6.000 »	2.000 »	4.000 »	4.000 »	»	»	»	»	»	»	16,000 »
Steamers	1.150.000 »	»	1.150.000 »	1.150.000 »	1.150.000 »	»	1.150.000 »	»	1.150.000 »	1.150.000 »	8,050,000 »
300 ânes à 150 » = 45,000 », en 3 ans	15.000 »	15.000 »	15.000 »	»	»	»	»	»	»	»	45,000 »
	2.318.350 »	2.400.000 »	2.996.400 »	2.895.450 »	2.885.250 »	2.598.700 »	2.012.050 »	612.050 »	1.656.600 »	1.656.600 »	22.081.450 »

Les répartitions sont faites proportionnellement aux besoins à satisfaire chaque année et nous sommes outillés complétement pour exploiter nos concessions de terres, développer le commerce dans nos établissements de cultures et dans six comptoirs supplémentaires, ainsi que sur le fleuve Congo.

Nous ne pourrons sans doute pas construire toutes les maisons dans l'année où nous les portons en dépense, on construira d'abord les magasins, les usines et tout ce que l'on pourra faire, et pour attendre que les habitations soient faites, nous aurons quelques maisons en bois démontables qui se transmettront d'un lot à l'autre pour ouvrir le défrichement et qui seront utilisées définitivement sur le dernier lot.

RENDEMENT GÉNÉRAL DE L'ENTREPRISE

Nous établissons nos calculs au moyen des chiffres des tableaux précédents et nous faisons deux hypothèses : l'une avec les rendements complets que nous avons indiqués; l'autre avec la moitié seulement de ces rendements, mais avec les mêmes dépenses que dans la première.

Années		Recettes et Valeurs disponibles	Dépenses			Soldes annuels	Recettes	Dépenses totales	Soldes annuels
			au matériel	Intérêt du capital	Totales				
		1re hypothèse					*2e hypothèse*		
1re	1/2 capital .	5,000,000 »					5,000,000 »		
	Bénéfices...	1,109,676 »					554,838 »		
	Total....	6,109,676 »	2,318,350 »	300,000 »	2,618,350 »	3,491,326 »	5,554,838 »	2,618,350 »	2,936,488 »
2e	Report.....	3,491,326 »					2,936,488 »		
	1/4 capital..	2,500,000 »					2,500,000 »		
	Bénéfices...	1,988,622 »					994,311 »		
	Total....	7,979,948 »	2,400,000 »	450,000 »	2,850,000 »	5,129,948 »	6,430,799 »	2,850,000 »	3,580,799 »
3e	Report.....	5,129,948 »					3,580,799 »		
	1/4 capital .	2,500,000 »					2,500,000 »		
	Bénéfices...	3,509,370.25					1,754,685 »		
	Total....	11,139,318.25	2,996,400 »	600,000 »	3,596,400 »	7,542,918.25	7,835,484 »	3,596,400 »	4,239,084 »
4e	Report.....	7,542,918.25					4,239,084 »		
	Bénéfices...	4,799,388.45					2,399,694 »		
	Total....	12,342,306.70	2,895,450 »	600,000 »	3,495,450 »	8,846,856.70	6,688,778 »	3,495,450 »	3,143,328 »
5e	Report.....	8,846,856.70					3,143,328 »		
	Bénéfices...	5,909,064.45					2,954,532 »		
	Total....	14,755,921.15	2,885,250 »	600,000 »	3,485,250 »	11,270,671.15	6,097,860 »	3,485,250 »	2,612,610 »
6e	Report.....	11,270,671.15					2,612,610 »		
	Bénéfices...	5,909,064.45					2,954,532 »		
	Total ..	17,179,735.60	2,598,700 »	600,000 »	3,198,700 »	13,981,035.60	5,567,142 »	3,198,700 »	2,368,442 »
7e	Report.....	13,981,035.60					2,368,442 »		
	Bénéfices...	7,059,174.70					3,529,587 »		
	Total....	21,040,210.30	2,012,050 »	600,000 »	2,612,050 »	18,428,160.30	5,898,029 »	2,612,050 »	3,285,979 »
8e	Report.....	18,428,160.30					3,285,979 »		
	Bénéfices...	8,209,284.95					4,104,642 »		
	Total....	26,637,445.25	612,050 »	600,000 »	1,212,050 »	25,425,895.25	7,390,621 »	1,212,050 »	6,178,571 »
9e	Report.....	25,425,895.25					6,178,571 »		
	Bénéfices...	9,359,395.20					4,679,697 »		
	Total....	34,784,790.45	1,656,600 »	600,000 »	2,256,600 »	32,528,190.45	10,858,268 »	2,256,600 »	8,601,668 »
10e	Report.....	32,528,190.45					8,601,668 »		
	Bénéfices...	10,509,505.45					5,254,753 »		
	Total....	43,037,695.90	1,656,600 »	600,000 »	2,256,600 »	40,781,095.90	13,856,420 »	2,256,600 »	11,599,820 »
	Totaux....		22,031,450 »	5,550,000 »	27,581,450 »			27,581,450 »	

Dans la première hypothèse, il reste à la fin de la dixième année :

Capital disponible........ 40,781,095.90
Matériel général......... 22,031,450 »
Et les actions ont reçu.... 5,550,000 »
Ensemble........ 68,362,545.90
A déduire : Capital de fondation... 10,000,000 »
Le capital de fondation a produit en 10 ans..... 58,362,545.90

soit 583.62 %, et en moyenne par année 58.36 %.

Dans la deuxième hypothèse, il ne reste plus, fin de la dixième année, que :

Capital disponible........ 11,599,820 »
Matériel général......... 22,031,450 »
Versé aux actions........ 5,550,000 »
Ensemble...... 39,181,270 »
Moins : capital de fondation..... 10,000,000 »
Le capital de fondation ne produit plus que.... 29,181,270 »

ou 291.81 %, et en moyenne par année, 29.18 %.

Cette seconde hypothèse ne peut se produire en aucun cas, les salaires et toutes les autres dépenses seraient doublés pour obtenir la moitié des résultats ; maisil était utile de faire constater que, même dans ce cas impossible, l'entreprise pourrait donner encore un rendement que peu d'autres affaires atteignent.

Nous croyons fermement que nous réaliserons les chiffres de la première hypothère, à 5 ou 6 millions près, pour les insuffisances qui peuvent se produire dans les premières années pour les cultures ; mais le rendement général de l'entreprise doit s'augmenter des produits du commerce d'échange qui ne figurent pas dans les calculs précédents.

Notre matériel de tramway est compté pour effectuer un transport de 56.000 tonnes en lourd, comme le matériel naval ; mais, en raison de la composition du tonneau d'affrètement, le tonnage est réduit à 47,520 tonneaux, sur lesquels 22,460 se trouvent absorbés par les produits des cultures ; il reste donc, disponibles pour le commerce, 25,060 tonneaux. Si nos échanges atteignaient ce chiffre, ce qui est du reste fort probable, le bénéfice moyen de la tonne exportée en lourd étant de 546.52, celui du tonneau d'affrètement devient 467.92 qui, multipliés par 25,060 t., donnerait un bénéfice de 11,706,075.20 pour le commerce. Avec le produit des cultures, le rendement annuel de l'entreprise serait alors porté à 22,215,580.65, pour la dixième année, et ce chiffre pourra même se trouver fortement dépassé, si toutes nos prévisions se réalisent.

Mais, comme on ne peut avec une sûreté absolue, déterminer à l'avance l'importance que prendra le commerce, et, bien que nous ayons un précédent dans l'organisation du service de bateaux à vapeur entre Loanda et Dondo, à 40 lieues dans l'intérieur sur le Quanza, qui, en 7 ans, a augmenté le mouvement commercial d'une somme de 18 millions annuellement, nous prendrons pour bases d'estimation, la réunion des résultats fournis par les deux hypothèses qui précèdent, ce qui laissera la plus grande marge à l'imprévu. Nous estimons donc que le bénéfice de la dixième année, cultures et commerce réunis, s'élèvera à 15,764,257.45.

Ce résultat est pour nous un minimum que nous croyons très sûr, et sur lequel on peut faire fonds sérieusement.

Les produits généraux fourniraient donc : première hypothèse............ 68,362,545.90
deuxième — .... 39,181,270 »
Ensemble...... 107,543,815.90
Moins : capital de fondation..... 10,000,000 »
Reste........ 97,543,815.90

ou 975.43 %, et en moyenne par année, 97,54 % pour les 10 ans.

Nous maintenons toujours notre réserve de 5 à 6 millions pour les premières années, mais avec l'espoir, très sérieux, qu'elle sera inutile, et pour que l'on en puisse juger, nous déclarons garantir que le commerce seul nous fournira, la première année, un bénéfice de 900,000 à 1,400,000 fr. tous les frais de l'opération commerciale couverts.

On peut donc être certain que, même au cas impossible où les cultures ne produiraient rien la première année, on aura toujours un bénéfice plus que suffisant pour payer l'intérêt 6 °/. au capital versé.

Il ne nous est pas possible, on le comprendra, de fournir ici les détails de l'opération que nous avons en vue; mais il nous a paru utile de signaler les résultats que nous en attendons, et d'affirmer qu'ils ne peuvent faire défaut.

Nous pensons n'avoir rien oublié, et nous espérons que notre travail est assez complet pour permettre d'apprécier, en connaissance de cause, la grande valeur de notre projet.

Tout ce que nous avançons est d'une vérification facile; tout ingénieur peut contrôler ce qui a trait aux transports terrestres; tout armateur peut juger les transports maritimes; au Ministère de la marine et auprès des ambassades étrangères, à celle du Brésil, notamment, dont les cultures ont le plus d'analogie avec celles de l'Angola, on peut se renseigner sur le coût des cultures et leurs rendements; les cotes commerciales du Havre indiquent les cours de vente, et, quant aux prix des mains-d'œuvre, dans l'Angola, nous produirons les tarifs et règlements officiels, et donnerons tous les éclaircissements qu'on voudra bien nous demander.

Mai 1879.

H. LE MERRE.

Paris, Imp. SERINGE FRÈRES, 9, Place du Caire.

DE LA

COTE OCCIDENTALE D'AFRIQUE

PROJET DE SOCIÉTÉ

POUR DÉVELOPPER LE COMMERCE ET LA CIVILISATION

DANS L'INTÉRIEUR DU CONTINENT AFRICAIN

PARIS

SOCIÉTÉ D'IMPRIMERIE ET LIBRAIRIE ADMINISTRATIVES ET DES CHEMINS DE FER

PAUL DUPONT

41, RUE JEAN-JACQUES-ROUSSEAU, 41

1880

COMPAGNIE FRANÇAISE

DE LA

COTE OCCIDENTALE D'AFRIQUE

PROJET DE SOCIÉTÉ

POUR DÉVELOPPER LE COMMERCE ET LA CIVILISATION

DANS L'INTÉRIEUR DU CONTINENT AFRICAIN

PARIS

SOCIÉTÉ D'IMPRIMERIE ET LIBRAIRIE ADMINISTRATIVES ET DES CHEMINS DE FER

PAUL DUPONT

41, RUE JEAN-JACQUES-ROUSSEAU, 41.

1880

COMPAGNIE FRANÇAISE

DE LA

COTE OCCIDENTALE D'AFRIQUE

PROJET DE SOCIÉTÉ

POUR DÉVELOPPER LE COMMERCE ET LA CIVILISATION DANS L'INTÉRIEUR DU CONTINENT AFRICAIN

INTRODUCTION

Lorsque nous avons commencé l'étude de ce projet, en 1874, nous n'avions qu'un but : ouvrir à nos industries et à notre commerce de nouveaux débouchés en Afrique ; mais nous avons bientôt reconnu que, pour le réaliser et obtenir des résultats complets et durables, il était indispensable de chercher, en même temps, les moyens d'introduire la civilisation et le progrès dans ces contrées nouvelles. Ceux que nous avons trouvés nous paraissent réunir toutes les conditions nécessaires pour assurer le succès de l'entreprise ; ils ont une grande valeur pratique, et nous espérons réussir, dans les pages suivantes, à justifier la foi profonde que nous avons en leur efficacité.

Notre entreprise est éminemment utile, indispensable même au développement industriel et commercial de notre pays ; mais nous ne nous dissimulons pas qu'elle rencontrera bien des difficultés, bien des préjugés, car c'est une entreprise coloniale, et bien peu de personnes en France en apprécient la haute importance pour une nation. On nous a répété pendant si long-temps que nous n'étions pas colonisateurs, que cette idée absurde s'est enracinée dans l'esprit public et a frappé d'un discrédit immérité toutes les entreprises dans les pays d'outre-mer.

On a oublié que nous avions colonisé jadis l'Inde, le Canada, la Louisiane, que nous avons perdus depuis, et que ces pertes, dues à des causes purement politiques, ne pouvaient nous enlever les qualités natives dont nous avions donné jusqu'alors des preuves irrécusables. Nous les possédons toujours, seulement elles se sont endormies sous la pression de nos gouvernants et du système de conservation égoïste et routinier qui a si longtemps pesé sur nous et dont nous ne sommes pas encore complètement affranchis. Il fallait diminuer nos regrets, effacer le souvenir de ces amputations douloureuses, supprimer le courant d'émigration qui s'était établi vers ces belles colonies, et on s'efforçait, par tous les moyens, d'éteindre en nous le goût de la colonisation : elle constituait une perte pour le pays, elle enlevait à l'agriculture des bras indispensables, et devait amener le renchérissement des choses de la vie ! D'un autre côté, le système de gouvernement militaire adopté pour nos colonies, éloignait les gens entreprenants, qui préféraient porter leur activité sur une terre étrangère plutôt que de subir un régime arbitraire et de bon plaisir. La capacité colonisatrice de notre nation se retrouvera lorsqu'on voudra résolûment qu'elle reparaisse, et le moment est venu où on doit le vouloir, car son concours est aujourd'hui indispensable à la prospérité du pays.

On donne aussi généralement, en France, au mot colonisation, un sens restreint qui égare l'opinion. Dans tous les pays intertropicaux où l'homme de race blanche ne peut supporter le travail au soleil : dans l'Inde, à Ceylan, à Java, Sumatra, Bornéo et en Afrique, les Anglais et les Hollandais ne colonisent pas au sens propre du mot ; ils se bornent à prendre des terres d'une fécondité souvent inouïe, ils y trouvent et parfois y amènent une population dont les besoins presque nuls rendent la main-d'œuvre d'un prix extrèmement bas, et ils apportent seulement le capital et la direction nécessaires à l'exploitation.

Ils obtiennent ainsi d'abondantes récoltes de produits ayant, sur les marchés d'Europe, des débouchés certains à hauts prix et qui, leur coûtant fort peu, leur assurent de grands profits. En outre, par l'influence qu'ils exercent sur la contrée en raison des salaires qu'ils y répandent, ils imposent, à la consommation locale, les produits fabriqués de leurs nationaux et, par la vente de ceux-ci, font rentrer dans leurs pays les dépenses qu'ils ont faites dans la colonie. L'exploitation est complète, car, sauf le matériel nécessaire au travail, et qui est promptement amorti, ils ne laissent rien sur place, et leur capital n'est employé que comme fonds de roulement de l'entreprise.

C'est en procédant ainsi que les Anglais et les Hollandais accumulent chaque année de grandes richesses, qu'ils procurent à leurs industries des débouchés considérables, et qu'ils assurent à leurs marines un développement et une prospérité croissants.

L'Allemagne est largement entrée dans cette voie depuis quelques années ; les Etats-Unis et l'Italie font de même, et si nous n'y prenons garde, nous aurons bientôt à vaincre d'énormes difficultés pour maintenir notre rang comme marine et pour conserver le chiffre de nos exportations, car ces concurrences nous atteignent sur tous les points, ainsi qu'on pourra s'en convaincre au chapitre suivant.

Il est urgent que nous suivions l'exemple de nos voisins, que nous abandonnions nos habitudes casanières, et que nos cherchions, avec énergie, non seulement à nous maintenir sur nos anciens marchés, mais encore et surtout, à nous en ouvrir de nouveaux. Il faut fonder partout, des comptoirs et des établissements de cultures coloniales pour rétablir notre influence par la multiplicité des contacts permanents avec les peuples, et donner à notre commerce extérieur les organes indispensables à ses développements. C'est surtout aux cultures coloniales qu'il convient de s'attacher, parce que l'importation de leurs produits donne lieu à un fret important dont notre marine bénéficiera, et qu'elles sont la source de grands profits qui viendront accroître rapidement le capital national, et, ensuite, parce que ces établissements acquérant une influence précieuse sur la contrée, seront des aides efficaces pour notre commerce extérieur, en même temps que des foyers civilisateurs d'une valeur incomparable.

C'est une œuvre qui s'impose au patriotisme de tous et particulièrement à nos capitalistes, à nos grands établissements financiers, qui sont les régulateurs du placement des capitaux de l'épargne ; car c'est par la constitution de Sociétés par actions que l'on parviendra le plus promptement à détruire les préventions qui paralysent les entreprises d'outre-mer. Quelques maisons et quelques individualités intelligentes s'adonnent déjà, avec grand succès, aux cultures coloniales, mais c'est insuffisant comme propagande ; les résultats obtenus par elles restent confinés dans un cercle d'amis, tandis qu'avec l'action au porteur, accessible à tous, qui répartit le capital dans un grand nombre de mains, la divulgation des résultats est très large, la presse s'en empare pour les discuter, et l'élévation progressive des cours, conséquence des bénéfices obtenus, fournit le meilleur argument pour captiver l'attention publique et déterminer les capitaux à se porter vers ces entreprises fructueuses et si nécessaires au pays.

Nous ne connaissons pas d'échecs sérieux dans les entreprises de cultures coloniales, car on ne peut donner ce nom aux mésaventures éprouvées par des gens qui n'avaient pas des capitaux suffisants, ou qui, grisés par leurs premiers succès, et trop pressés de jouir, se livraient à de folles dépenses et tombaient aux mains des usuriers. Dans la plupart des pays intertropicaux, le loyer de l'argent est très élevé, et atteint quelquefois jusqu'au taux de 10 % par mois, et la ruine arrive vite lorsqu'on se trouve engagé dans cette voie ; mais aucune affaire bien conduite et n'entreprenant pas au-dessus de ses forces n'a échoué ; toutes ont, au contraire, prospéré et enrichi leurs possesseurs, et cela ne peut surprendre, avec l'écart énorme qui existe entre les prix de vente et les prix de revient des produits cultivés. C'est à la constance du succès que nous croyons pouvoir attribuer la grande popularité dont ces sortes d'entreprises jouissent chez nos voisins ; popularité qu'elles obtiendront également chez nous lorsqu'elles y seront mieux connues, car il en est peu d'autres qui puissent rémunérer aussi largement leurs capitaux et qui correspondent aussi bien aux exigences actuelles de nos intérêts nationaux en souffrance. Elles offrent encore aux élèves de nos écoles qui se trouvent en présence de carrières déjà trop encombrées, un vaste champ à exploiter, où ils pourront se créer de bonnes et honorables positions et où, au lieu de végéter souvent inutiles et parfois désespérés, ils trouveront à rendre, au pays et à la civilisation, les plus utiles services.

Tous les ans, nous payons à l'étranger, pour les matières premières et les objets d'alimentation provenant des pays d'outre-mer, un tribut de 1,200 à 1,500 millions que nous pourrions conserver ou plutôt faire rentrer chez nous si ces matières étaient produites par nos nationaux. En entrant dans cette voie, nous obtiendrons donc encore un nouveau résultat : celui d'augmenter, chaque année, le capital disponible de la France d'un chiffre important ; tout nous engage donc à la suivre, aussi bien l'intérêt national que nos intérêts privés.

LE COMMERCE EXTÉRIEUR DE LA FRANCE

Pour établir nos comparaisons, nous prenons pour base l'année 1872. C'est la première dont les chiffres ne comprennent plus le mouvement afférent aux provinces que nous avons perdues, et on ne peut leur reprocher d'être exagérés, nos exportations ayant été, en 1873, 1874 et 1875, plus fortes qu'en 1872; nous croyons donc qu'on peut les considérer comme représentant, aussi exactement que possible, la force productive du pays.

Importations (en milliers de francs).

Années :	1879	1878	1877	1876	1875	1874	1873	1872
Objets d'alimentation	1.823.609	1.454.853	1.005.507	972.960	747.451	880.881	938.510	797.650
Matières premières et autres. . .	2.350.310	2.284.905	2.244.911	2.511.098	2.342.440	2.248.558	2.273.419	2.285.260
Objets fabriqués	420.918	436.460	419.427	463.405	446.763	378.266	342.860	487.410
Totaux . . .	4.594.837	4.176.218	3.669.845	3.988.363	3.536.654	3.507.705	3.554.789	3.570.320

	Totaux	Différence sur 1872		D'une année sur l'autre	
		en plus	en moins	en plus	en moins
Année 1872.	3.570.320	»	»	»	»
» 1873.	3.554.789	»	15.531	»	15.531
» 1874.	3.507.705	»	62.615	»	47.084
» 1875.	3.536.654	»	33.666	28.949	»
» 1876.	3.988.363	418.043	»	451 709	»
» 1877.	3.669.845	99 525	»	»	318.518
» 1878.	4.176.218	605.898	»	506.373	»
» 1879.	4.594.837	1.024.517	»	418.619	»
		2.147.983	111.812	1.405.650	381.133
L'importation générale a gagné depuis 1872.		»	2.036.171	»	»
Son chiffre a augmenté en 1879, sur 1872, de		»	»	»	1.024.517
		2.147.983	2.147.983	1.405.650	1.405.650

OBJETS D'ALIMENTATION

	Totaux	Différence sur 1872		D'une année sur l'autre	
		en plus	en moins	en plus	en moins
Années 1872.	791.650	»	»	»	»
» 1873.	938.510	140.860	»	140.860	»
» 1874.	880.881	83.231	»	»	57.629
» 1875.	747.451	»	50.199	»	133.430
» 1876.	972.960	175.310	»	225.509	»
» 1877.	1.005.507	207.857	»	32.547	»
» 1878.	1.454.853	657.203	»	449.346	»
» 1879.	1.823.609	1.025.959	»	368.756	»
		2.290.420	50.199	1.217.018	191.059
L'importation a gagué depuis 1872.		»	2.240.221	»	»
Son chiffre a augmenté en 1879, sur 1872, de .		»	»	»	1.025.959
		2.290.420	2.290.420	1.217.018	1.217.018

MATIÈRES PREMIÈRES ET AUTRES

	Totaux	Différence sur 1872		D'une année sur l'autre	
		en plus	en moins	en plus	en moins
Années 1872	2.285.260	»	»	»	»
» 1873	2.273.419	»	11.841	»	11.841
» 1874	2.248.558	»	36.702	»	24.861
» 1875	2.342.440	57.180	»	93,882	»
» 1876	2.551.998	266.738	»	209.558	»
» 1877	2.244.911	»	40.349	»	307.087
» 1878	2.284.905	»	355	39.994	»
» 1879	2.350.310	63.050	»	63.405	»
		388.968	89.247	408.839	343.789
L'importation a gagné depuis 1872		»	299.721	»	»
Son chiffre a augmenté en 1879, sur 1872, de.		»	»	»	63.050
		388.968	388.968	408.839	408.839

OBJETS FABRIQUÉS

	Totaux	Différence sur 1872		D'une année sur l'autre	
		en plus	en moins	en plus	en moins
Année 1872	487.410	»	»	»	»
» 1873	342.860	»	144.550	»	144.550
» 1874	378.266	»	109.144	35.406	»
» 1875	446.763	»	40.647	68.497	»
» 1876	463.405	»	24.005	16.642	»
» 1877	419.427	»	67.983	»	43.978
» 1878	436.460	»	50.950	17.033	»
» 1879	420.918	»	66.492	»	15.542
		»	503.771	137.578	204.070
L'importation a perdu depuis 1872		503.771	»	»	»
Son chiffre a diminué en 1879, sur 1872, de. .		»	»	66.492	»
		503.771	503.771	204.070	204.070

RÉCAPITULATION

	Sur 1872		Différence en 1879 sur 1872	
	Augmentation	Diminution	Augmentation	Diminution
Objets d'alimentation	2.240.221	»	1.025.939	»
Matières premières et autres	299.721	»	65.050	»
Objets fabriqués.	»	503.771	»	66.492
	2.539.942	503.771	1.091.009	66.492
L'augmentation générale est de.	»	2.036.171	»	1.024.517
	2.539.942	2.539.942	1.091.009	1.091.009

Détail par nature.

OBJETS D'ALIMENTATION

	Différence en 1879 sur 1872			Différence en 1879 sur 1872	
	Augmentation	Diminution		Augmentation	Diminution
Céréales, grains et farines	679.245	»	Report . . .	943.572	»
Légumes secs et leurs farines . . .	28.010	»	Bestiaux	36.358	»
Riz	14.903	»	Viandes	38.286	»
Fruits de table.	19.525	»	Graisses	12.806	»
Fruits oléagineux (arachides et autres)	3.074	»	Fromages et beurres	10.788	»
Vins.	85.995	»	Huile d'olive	13.081	»
Eaux-de-vie et esprits	15.695	»	Bière.	»	5.775
Mélasses.	3.642	»	Sucre	»	22.761
Cacao	16.887	»	Morues et poissons	»	2.396
Café	74.869	»		1.056.891	30.932
Poivre	2.371	»	Balance en gain . . .	»	1.025.989
Thés	1.354	»		1.056.891	1.056.891
A reporter . . .	943.572	»			

MATIÈRES PREMIÈRES ET AUTRES

	En 1879 sur 1872			En 1879 sur 1872	
	en augment.	en diminut.		en augment.	en diminut.
Chevaux	15.952	»	*Report*	283.696	17.622
Peaux brutes et pelleteries	8.554	»	Poils	»	2.120
Plumes de parure	14.564	»	Œufs de vers à soie	»	3.694
Jute	3.387	»	Soies et bourre de soie	»	116.033
Chanvre	3.346	»	Lin	»	2.980
Drilles	5.034	»	Coton	»	60.538
Guano et engrais	21.527	»	Cire brute	»	700
Fourrages et son	1.137	»	Dents d'éléphants	»	1.038
Éponges	1.813	»	Fanons et autres	»	3.077
Écailles de tortue, nacre	4.331	»	Houblon	»	2.152
Os, cornes, sabots	3.318	»	Graines à ensemencer	»	14.466
Graines oléagineuses	30.881	»	Gommes pures exotiques	»	475
Huile fine de graines grasses	3.210	»	Résines exotiques	»	2.198
» de palme, d'arachide, coco, etc.	4.196	»	Caoutchouc, gutta-percha	»	2.839
» pure, autres	387	»	Tabac en feuille	»	609
Bois à construire	103.744	»	Écorce de quinquina	»	227
» d'ébénisterie	132	»	Charbon de bois	»	77
» de teinture	4.808	»	Merrains	»	5.950
Safran	298	»	Garance	»	4.631
Marbres	1.450	»	Noix de galles, avelanèdes	»	110
Matériaux de construction	5.963	»	Écossines	»	65
Pierres et terres pour arts et métiers	3.007	»	Huile de pétrole rectifiée	»	3.448
Soufre	3.315	»	Essence de houille	»	233
Bitume solide	557	»	Fonte	»	3.698
Huiles de pétrole et schistes brutes	9.613	»	Acier	»	1.089
Houilles	6.955	»	Étain	»	5.895
Cendres et regrets d'orfèvre	12	»	Alcalis	»	1.311
Minerais	27	»	Produits chimiques	»	532
Fer	2.871	»	Cochenille	»	3.303
Cuivre	3.803	»	Indigo	»	3.996
Plomb	1.853	»	Rocou préparé	»	700
Zinc	2.823	»	Autres marchandises	47.163	»
Nitrates	8.187	»			
Cachou	2.313	»	Totaux	330.859	265.809
Laines	»	17.622	Balance en gain	»	65.050
A reporter	283.696	17.622		330.859	330.859

OBJETS FABRIQUÉS

	En 1879 sur 1872			En 1879 sur 1872	
	en augment.	en diminut.		en augment.	en diminut.
Porcelaine	798	»	*Report*	43.772	12.045
Verres et cristaux	642	»	Fils de poils de chèvre	»	2.832
Fils de lin et de chanvre	1.396	»	Tissus de lin ou chanvre	»	6.395
Fil de jute	46	»	» de soie et bourre	»	11.879
Tissu de jute pur	2.195	»	» de poils et crins	»	3.795
Livres	657	»	» de laine	»	31.873
Peaux préparées	7.219	»	» de coton	»	34.240
Nattes, tresses, paille et écorce	14.586	»	Bâtimen's de mer en fer	»	5.489
Machines et mécaniques	13.293	»	Aiguilles	»	289
Horlogerie	1.003	»	Plumes métalliques	»	52
Outils	591	»	Ouvrages en caoutchouc	»	1.070
Coutellerie	196	»	Carrosserie	»	173
Ouvrages en métaux	1.150	»	Objets de collection	»	132
Poteries et faiences	»	1.693			
Fils de coton	»	6.821	Totaux	43.772	110.264
Fils de laine	»	3.529	Balance en perte	66.492	»
A reporter	43.772	12.045		110.264	110.264

Il ressort des tableaux précédents que l'unique cause de l'accroissement des importations provient de nos mauvaises récoltes et que nos industries résistent bien à la concurrence étrangère sur le marché intérieur ; la situation peut donc être considérée comme bonne.

Exportations (en milliers de francs).

Années :	1872	1873	1874	1875	1876	1877	1878	1879
Produits fabriqués	1.735.491	1.773.639	1,814.468	1.894.268	2.138.907	2.096.560	2.142.586	2.077.975
Produits naturels, matières prem^{es}.	1.254.193	1,237.304	1,456.456	1.487.716	1.527.771	1.402.107	1.446.219	1.490.895
Autres marchandises.	173.406	168.564	165.380	193.610	205.954	202.442	198.504	192.733
Totaux . . .	3.163.090	3.179.707	3.436.304	3.573.594	3.872.632	3.701.109	3.787.306	3.761.623

	Totaux	Différences sur 1872		D'une année sur l'autre	
		Augmentation	Diminution	Augmentation	Diminution
Année 1872	3.761.623	»	»	»	»
» 1873	3.787.306	25.683	»	25.683	»
» 1874	3.701.109	»	60.514	»	86.197
» 1875	3.872.632	111.009	»	171.523	»
» 1876	3.573.594	»	186.029	»	297.038
» 1877	3.436.304	»	325.319	»	139.290
» 1878	3.179.707	»	581.916	»	236.597
» 1879	3.163.090	»	598.533	»	16.617
		136.692	1.752.311	197.206	795.979
L'exportation générale a perdu depuis 1872 . .		1.615.619	»	»	»
Son chiffre a baissé en 1879, sur 1872, de . .		»	»	598.533	»
		1.752.311	1.752.311	795.739	795.739

PRODUITS FABRIQUÉS

	Totaux	Différences sur 1872		D'une année sur l'autre	
		Augmentation	Diminution	Augmentation	Diminution
Année 1872	2.077.975	»	»	»	»
» 1873	2.142.586	64.611	»	64.611	»
» 1874	2.096.560	18.585	»	»	46.026
» 1875	2.138.907	60.932	»	42.347	»
» 1876	1.894.268	»	183.707	»	244.639
» 1877	1.814.468	»	263.507	»	79.800
» 1878	1.773.639	»	304.336	»	40.829
» 1879	1.735.491	»	342.484	»	38.148
		144.128	1.094.034	106.958	449.442
Pertes depuis 1872.		949.906	»	»	»
Différence en 1879 sur 1872		»	»	342.484	»
		1.094.034	1.094.034	449.442	449.442

PRODUITS NATURELS. — MATIÈRES PREMIÈRES

	Totaux	Différences sur 1872		D'une année sur l'autre	
		Augmentation	Diminution	Augmentation	Diminution
Année 1872	1.490.895	»	»	»	»
» 1873	1.446.219	»	44.676	»	44.676
» 1874	1.402.107	»	88.788	»	44.112
» 1875	1.527.771	36.876	»	125.664	»
» 1876	1.487.716	»	3.179	»	40.055
» 1877	1.456.456	»	34.439	»	31.260
» 1878	1.237.504	»	253.391	»	218.952
» 1879	1.254.193	»	236.702	16.689	»
		36.876	661.175	142.353	379.055
Pertes depuis 1872		624.299	»	»	»
Différence en 1879 sur 1872.		»	»	236.702	»
		661.175	661.175	379.055	379.055

AUTRES MARCHANDISES

		Différences sur 1872		D'une année sur l'autre	
		Augmentation	Diminution	Augmentation	Diminution
Année 1872.	192.753	»	»	»	»
» 1873.	198.501	5.748	»	5.748	»
» 1874.	202.442	9.689	»	3.941	»
» 1875.	205.954	13.201	»	3.512	»
» 1876.	193.610	857	»	»	12.344
» 1877.	165.380	»	27.373	»	28.230
» 1878.	168.564	»	24.189	3.184	»
» 1879.	173.406	»	19.347	4.842	»
		29.495	70.909	21.227	40.574
Pertes depuis 1872.	41.414	»	»	»
Différence en 1879 sur 1872	»	»	19.347	»
		70.909	70.909	40.574	40.574

RÉCAPITULATION.

	Pertes depuis 1872	Différences en 1879 sur 1872
Objets fabriqués	949.906	342.484
Produits naturels, matières premières.	624.299	236.702
Autres marchandises	41.414	19.347
Totaux	1.615.619	598.533

Détail par nature.

PRODUITS FABRIQUÉS.

	En 1879 sur 1872	
	Augmentation	Diminution
Tissus de lin et de chanvre	4.499	»
Fils de laine.	14.811	»
Ouvrages en peau et cuir.	4.325	»
Nattes, tresses, chapeaux de paille et écorce.	2.927	»
Vannerie.	835	»
Orfèvrerie et argenterie	14.843	»
Horlogerie	236	»
Coutellerie	538	»
Armes.	3.777	»
Meubles et ouvrages en bois. . . .	2.671	»
Instruments d'optique et de précision	1.969	»
Livres, gravures, photographies . .	3.250	»
Tabac fabriqué et préparé.	1.319	»
Couleurs.	3.642	»
Sulfate de quinine	2.310	»
Tartrates	3.247	»
Produits chimiques.	8.347	»
Tissus de soie et bourre de soie.	»	198.034
» laine.	»	7.978
» coton.	»	3.422
» jute pur	»	677
Fils de coton.	»	3.502
» lin ou chanvre.	»	6.507
» jute.	»	2.235
Peaux préparées	»	20.035
Chapeaux de feutre	»	4.556
A reporter. . .	73.546	248.946
Report.	73.546	248.946
Cordages de chanvre	»	128
Machines et mécaniques.	»	3.613
Outils et ouvrages en métaux . . .	»	24.190
Ouvrages en caoutchouc et gutta-percha.	»	72
Voitures	»	7.217
Tabletterie, bimbeloterie, mercerie et boutons	»	18.255
Modes et fleurs	»	5.420
Parapluies, parasols	»	327
Instruments de musique.	»	1.476
Confections.	»	38.606
Articles de Paris	»	1.646
Objets de collection.	»	2.273
Papiers et cartons	»	2.605
Faïence et porcelaine	»	2.049
Glaces	»	735
Verres et cristaux.	»	16.299
Parfumerie.	»	9.312
Savons ordinaires.	»	1.934
Médicaments composés.	»	4.018
Acide stéarique, bougies.	»	4.870
Sucre raffiné	»	13.104
Garancine	»	8.913
Totaux	73.546	416.030
Balance en perte	342.484	»
	416.030	416.030

PRODUITS NATURELS, MATIÈRES PREMIÈRES ET AUTRES MARCHANDISES.

	En 1879 sur 1872	
	Augmentation	Diminution
Farineux alimentaires et autres . .	4.832	»
Légumes verts, salés ou confits . .	1.060	»
Truffes	118	»
Eau-de-vie, esprits et liqueurs . . .	187	»
Huile d'olive	413	»
Huiles de graines grasses	1.673	»
Sirops, confitures et bonbons . . .	218	»
Poissons de mer et marinés	13.169	»
Bestiaux	32	»
Graisses	13.722	»
Œufs	1.404	»
Fromages.	697	»
Beurres	10.717	»
Or battu, tiré et laminé.	4.199	»
Meules	1.407	»
Matériaux de construction.	3.412	»
Houille et coke.	3.515	»
Safran.	167	»
Bois à construire.	3.981	»
Peaux brutes et pelleteries	9.000	»
Laines.	10.473	»
Poils.	2.072	»
Plumes de parures	29.148	»
Œufs de vers à soie	1.783	»
Soies et bourre de soie	15.002	»
Coton et laine	3.165	»
Mules et mulets.	1.107	»
Grains et farines	»	206.131
Sel	»	343
À reporter. . . .	138.683	206.474

	En 1879 sur 1872	
	Augmentation	Diminution
Report.	138.683	206.474
Fruits de table.	»	12.232
Graines et fruits oléagineux	»	3.152
Vins.	»	43.660
Sucre brut indigène.	»	51.830
Viandes	»	3.247
Garance	»	13.720
Minerais	»	5.379
Cuivre	»	6.181
Pierres et terres pour arts et métiers	»	512
Bitumes et goudrons	»	108
Tourteaux	»	1.430
Drilles	»	3.674
Résine indigène.	»	4.387
Chardons cardère.	»	603
Houblon	»	32
Graines à ensemencer.	»	8.713
Crins	»	1.422
Lin teillé et étoupes	»	2.617
Chevaux	»	6.012
Autres marchandises	»	19.347
Totaux	138.683	374.732
Balance en perte.	236.049 (1)	»
	374.732	274.732

(1) Produits et matières premières. 236.702
Autres marchandises. 19.347

236.049

La plus grande partie des pertes constatées par le dernier tableau proviennent encore des mauvaises récoltes et devront disparaître avec elles; une amélioration est donc certaine sur ce chapitre, dans un temps prochain; mais il n'en est malheureusement pas de même pour nos produits fabriqués. Quelques industries de luxe, dont l'art et le bon goût sont fort appréciés, sont en progrès; mais toutes nos grandes industries sont en pertes sérieuses, et, comme les gains faits par les unes ne compensent pas les pertes des autres, nous avons en réalité perdu, depuis 1872 :

Sur les produits fabriqués	1.094.034.000
Sur les autres marchandises	70.909.000
Ensemble.	1.164.943.000
Sur les produits naturels et matières premières .	661.175.000
Total des pertes.	1.826.118.000

Pour mettre fin à cette situation difficile et nous récupérer de nos pertes, il n'y a qu'un remède dont l'efficacité soit certaine : c'est de chercher à créer de nouveaux marchés à nos produits.

La crise industrielle dont nous souffrons a pour origine l'exagération de la production chez tous les peuples; mais ce qui a rendu la perturbation plus profonde, c'est la coïncidence des phénomènes sociaux qui se sont produits, presque simultanément, aux États-Unis et en Allemagne.

Trouvant sans doute leur enrichissement trop lent avec la production agricole, et voulant utiliser les aptitudes des ouvriers que l'émigration leur amène, les États-Unis ont formé leur marché aux produits de l'Europe et, à l'abri de tarifs prohibitifs, ont créé chez eux de puissantes industries qui sont entrées maintenant en concurrence avec l'Europe sur tous les marchés du monde. C'est un danger très sérieux, car on y fait grand comme en Angleterre; les applications de la science et l'art de la division du travail y sont utilisés sur la plus large échelle; les usines sont neuves, placées à proximité des matières premières, desservies par tous les moyens de transports les plus perfectionnés, et soutenues par un capital abondant et audacieux. Le commerce extérieur des États-Unis, qui était seulement de 735 millions de dollars en 1860 atteignait déjà, en 1873, 1,241 millions de dollars, chiffre qui doit être bien dépassé aujourd'hui.

Presqu'en même temps, l'Allemagne fondait son unité et entreprenait aussi de s'enrichir par le développement de son commerce extérieur; elle complétait ses lignes ferrées, multipliait ses lignes de steamers transatlantiques, augmentait sa marine, qui dépasse aujourd'hui le tonnage de la nôtre, et créait de nombreux comptoirs sur tous les points du globe. Son commerce extérieur, qui était seulement de 1,060 millions de marks (1,304 millions de francs) en 1860, montait à 6 milliards (7,380 millions de francs) en 1874, et dépasse de beaucoup ce chiffre actuellement. C'est aujourd'hui notre concurrente la plus redoutable, car elle imite tous nos produits, et son personnel commercial s'est, en grande partie, formé chez nous et possède tous les moindres détails de nos relations extérieures; sa fabrication n'est pas bonne et manque de goût, mais elle vend à très bas prix et, pour beaucoup de gens, c'est une raison suffisante de préférence. De plus, le nombre des Allemands qui se sont établis, depuis la guerre, dans tous les pays hors d'Europe, est considérable, et c'est là, selon nous, une des causes principales de la diminution de nos exportations dans l'Amérique du Sud et en Afrique.

L'Angleterre est atteinte comme nous par ces concurrences nouvelles, mais elle a des moyens de défense que nous ne possédons pas. Bien peu de nos usines sont placées dans des conditions économiques satisfaisantes, et c'est une cause d'infériorité qu'on ne peut faire disparaître tout d'un coup sans provoquer des ruines et sans sacrifier des intérêts dignes de respect. Il faut qu'elles se déplacent, que leurs possesseurs s'empressent de modifier et de perfectionner leur outillage et qu'en même temps le Gouvernement leur procure les moyens de transports économiques qui leur manquent pour faciliter leurs approvisionnements et leurs débouchés. Nous sommes restés trop longtemps stationnaires; nous ne nous préoccupions pas assez des progrès des autres peuples; sans doute, les grands travaux projetés: l'agrandissement et l'approfondissement de nos ports, ainsi que le perfectionnement de leur outillage, l'élargissement et la création de nouveaux canaux, la construction de nombreuses voies ferrées, sont destinés à féconder nos industries et notre commerce; mais il faut, au moins, dix ans pour qu'ils soient achevés, leur concours bienfaisant est éloigné, tandis que la situation est pressante, et pour que l'essor qu'ils doivent produire profite largement au travail national, c'est encore en ouvrant de nouveaux marchés à nos produits que nous y réussirons le mieux. Il n'y a pas à hésiter. C'est là qu'est le salut, pour le présent, et la prospérité, pour l'avenir.

RÉPARTITION DES EXPORTATIONS PAR PAYS.

Nous ne pouvons donner les résultats de l'année 1879, l'administration n'en ayant pas encore publié les chiffres ; nous ne les aurons qu'au mois d'avril 1881.

Afin de faire bien saisir l'importance et la continuité de nos pertes sur les divers marchés de l'extérieur, nous établissons les différences qui se sont produites pour chaque pays pendant les années 1876, 1877 et 1878 ; l'année 1872 étant toujours notre base de comparaison.

I. — Exportations avec les pays d'Europe, en gains.

	Chiffre d'affaires en millions de francs				Gains en millions de francs		
	1872	1876	1877	1878	1876	1877	1878
Angleterre	935.5	1.038.1	1.063.0	»	102.6	127.5	»
Suède	9.9	13.1	11.7	»	3.2	1.8	»
Norwège	11.4	12.7	12.5	»	1.3	1.1	»
Danemark	4.7	5.6	4.8	5.6	0.9	0.1	0.9
Allemagne	409.6	431.2	»	»	21.6	»	»
Pays-Bas	35.3	41.1	»	»	5.8	»	»
Portugal	15.3	25.6	23.6	20.4	10.3	8.3	5.1
Espagne	112.8	154.5	132.5	137.6	41.7	19.7	24.8
Autriche	8.0	17.1	20.4	25.5	9.1	12.4	17.5
Totaux pour 1876	1.542.5	1.739.0			196.5		
Grèce	14.4		15.2	14.4		0.8	»
Totaux pour 1877	1.112.0		1.293.7			171.7	
Totaux pour 1878	155.2			203.5			48.3

II. — Exportations avec les pays d'Europe, en pertes.

						Pertes	
Russie	41.5	34.6	15.9	30.0	6.9	25.6	11.5
Belgique	478.9	445.7	446.4	409.6	33.2	32.5	69.3
Suisse	294.5	279.0	237.9	229.4	15.5	57.3	65.1
Italie	228.8	215.8	185.5	169.7	13.0	43.3	59.1
Grèce	14.4	13.7	»	»	0.7	»	»
Turquie	81.5	46.5	36.6	57.2	35.0	44.9	24.3
Totaux pour 1876	1.139.6	1.035.3			104.3		
Allemagne	409.6		395.1	343.7		14.5	65.9
Pays-Bas	35.3		35.2	31.2		0.1	4.1
Totaux pour 1877	1.570.1		1.351.0			218.2	
Angleterre	935.5			919.4			16.1
Suède	9.9			6.0			3.9
Norwège	11.4			7.7			3.7
Totaux pour 1878	2.526.9			2.203.9			323.0

III. — Exportations avec les pays d'Afrique, en gains.

						Gains	
États barbaresques	9.0	10.0	11.7	11.3	0.8	2.5	2.1
Autres pays non dénommés	0.7	0.9	0.7	1.0	0.2	0.0	0.3
	9.7	10.9	12.4	12.3	1.0	2.5	2.4

IV. — Exportations avec les pays d'Afrique, en pertes.

	Chiffre d'affaires en millions de francs				Pertes en millions de francs		
	1872	1876	1877	1878	1876	1877	1878
Egypte	40.1	29.0	24.9	29.1	11.1	15.2	11.0
Côte occidentale.	8.4	3.5	3.0	2.3	4.9	5.4	6.1
Ile Maurice et le Cap	11.9	7.1	8.2	10.9	4.8	3.7	1.0
	60.4	39.6	36.1	42.3	20.8	24.3	18.1

V. — Exportations avec l'Asie et l'Océanie, en gains.

					Gains		
Indes anglaises	4.6	6.4	8.4	8.2	1.8	3.8	3.6
» hollandaises	1.4	4.0	3.1	3.0	2.6	1.7	1.6
Philippines	0.1	0.6	1.3	0.9	0.5	1.2	0.8
Chine.	1.9	3.4	3.1	2.8	1.5	1.2	0.9
Australie	1.3	1.5	1.4	4.0	0.2	0.1	2.7
Océanie	3.0	4.9	4.3	3.1	1.9	1.3	0.1
	12.3	20.8	21.6	22.0	8.5	9.3	9.7

VI. — Exportations avec l'Asie et l'Océanie, en pertes.

					Pertes.		
Japon.	11.1	9.4	7.6	7.6	1.7	3.5	3.5

VII. — Exportations avec les Amérique, en gains.

					Gains		
Venezuela	5.5	9.6	8.5	8.9	4.1	3.0	3.4
Brésil	78.4	81.4	»	»	3.0	»	»
Haïti.	11.3	13.2	12.0	»	1.9	0.7	»
Totaux pour 1876.	95.2	104.2			9.0		
Mexique	17.5		18.4	17.6		0.9	0.1
Totaux pour 1877.	34.3		38.9			4.6	
Possessions danoises.	10.9			14.8			3.9
Totaux pour 1878.	33.9			41.3			7.4

VIII. — Exportations avec les Amérique, en pertes.

					Pertes		
États-Unis	332.5	229.6	216.6	207.4	102.9	115.9	125.1
Mexique	17.5	11.5	»	»	6.0	»	»
Guatemala-Costa-Rica-Honduras . . .	4.7	2.8	2.6	2.9	1.9	2.1	1.8
Nouvelle-Grenade	30.5	20.1	17.4	20.9	10.4	13.1	9.6
Uruguay	46.4	17.8	20.7	18.4	28.6	25.7	28.0
Rio-de-la-Plata	101.3	52.9	75.7	67.2	48.4	25.6	34.1
Equateur et Bolivie	3.1	2.3	2.7	2.4	0.8	0.4	0.7
Pérou.	44.4	17.1	19.7	22.3	27.3	24.7	22.1
Chili.	44.1	28.4	23.3	17.3	13.7	20.8	26.8
Possessions espagnoles	26.1	16.3	15.8	14.4	9.8	10.3	11.7
d° anglaises	12.3	7.6	6.3	6.5	4.7	5.8	5.8
d° danoises.	10.9	8.5	10.0	»	2.4	»	»
d° hollandaises	3.3	1.2	1.2	1.6	2.1	2.1	1.7
Totaux pour 1876.	677.1	416.1			261.0		
Brésil	78.4		77.3	69.1		1.1	9.3
Totaux pour 1877.	738.0		490.4			247.6	
Haïti.	11.3			10.7			0.6
Totaux pour 1878.	738.4			461.1			277.3

IX. — Exportations avec les colonies françaises, en gains.

	Chiffre d'affaires en millions de francs				Gains en millions de francs		
	1875	1876	1877	1878	1876	1877	1878
Guyane française	4.2	5.6	5.4	5.1	1.4	1.2	0.9
Algérie	140.6	148.5	»	»	7.9	»	»
Madagascar, Mayotte, Nossi-bé, etc.	0.3	0.3	0.3	»	»	»	»
Établissements de l'Indo.	0.8	0.8	1.1	0.9	»	0.3	0.1
Totaux pour 1876	145.9	155.2			9.3		
Totaux pour 1877	5.3		6.8			1.5	
Totaux pour 1878	5.0			6.0			1.0

X. — Exportations avec les colonies françaises, en pertes.

	Chiffre d'affaires				Pertes		
	1875	1876	1877	1878	1876	1877	1878
Ile de la Réunion	10.5	8.6	8.1	9.7	1.9	2.4	0.8
Martinique	19.7	11.4	14.0	14.1	8.3	5.7	5.0
Guadeloupe	17.2	10.1	11.3	11.8	7.1	5.9	5.4
Sénégal	6.4	4.8	4.9	4.9	1.6	1.5	1.5
Cochinchine	6.7	4.3	4.4	4.2	2.4	2.3	2.5
Saint-Pierre-Miquelon et Grande-Pêche	7.1	5.9	5.8	5.8	1.2	1.3	1.3
Totaux pour 1876	67.6	43.1			22.5		
Algérie	140.6		138.1	128.9		2.5	11.7
Totaux pour 1877	208.2		186.6			21.6	
Madagascar, Mayotte, Nossi-bé, etc.	0.3			0.2			0.1
Totaux pour 1878	208.5			179.6			28.9

BALANCE DES GAINS ET DES PERTES

Exportations :	1876 Gains	1876 Pertes	1876 En gain	1876 En perte	1877 Gains	1877 Pertes	1877 En gain	1877 En perte	1878 Gains	1878 Pertes	1878 En gain	1878 En perte
I. — II. En Europe	196.5	104.3	92.2	»	171.7	218.2	»	46.5	48.3	323.0	»	274.7
III. — IV. En Afrique	1.0	20.8	»	19.8	2.5	24.3	»	21.8	2.4	18.1	»	15.7
V. — VI. En Asie et Océanie	8.5	1.7	6.8	»	9.3	3.5	5.8	»	9.7	3.5	6.2	»
VII. — VIII. En Amérique	9.0	261.0	»	252.0	4.6	247.6	»	243.0	7.1	277.3	»	269.9
IX. — X. Aux colonies françaises	9.3	22.5	»	13.2	1.5	21.6	»	20.1	1.0	28.9	»	27.9
Totaux	224.3	410.3	99.0	285.0	189.6	515.2	5.8	331.4	68.8	650.8	6.2	588.2
Balance générale des pertes	186.0	»	186.0	»	325.6	»	325.6	»	582.0	»	582.0	»
	410.3	410.3	285.0	285.0	515.2	515.2	331.4	331.4	650.8	650.8	588.2	588.2

Nos pertes, en Europe, s'accentuent chaque année ; mais elles sont causées, en grande partie, par nos mauvaises récoltes, et portent principalement sur les objets d'alimentation ; on peut donc espérer qu'elles disparaîtront, sinon en totalité, au moins dans une proportion notable, avec les causes perturbatrices qui ont entravé notre production agricole.

Malheureusement, nous ne pouvons concevoir le même espoir de reprise avec les pays hors d'Europe, où toutes nos pertes sont dues à la concurrence étrangère, et portent, à peu près exclusivement, sur nos produits fabriqués. Nos exportations sont en diminution constante dans toutes les parties du monde, et la mauvaise situation économique de beaucoup de nos usines, l'insuffisance de nos moyens de transports, ainsi que l'infériorité de notre organisation commerciale, ne nous permettent de conserver aucune illusion sur la possibilité de reconquérir prochainement les marchés qui nous échappent aujourd'hui.

Les probabilités d'augmentation du trafic avec l'Amérique du Nord sont à peu près nulles, et fort incertaines avec l'Amérique du Sud ; nous ne faisons avec l'Asie et l'Océanie qu'un chiffre de 29 millions, qui paraît stationnaire et qui tend même à baisser sur quelques points ; l'industrie se développe en Egypte et dans l'Inde, où leurs produits se substituent peu à peu à ceux de l'Europe ; le Japon se transforme industriellement avec une rapidité et un succès merveilleux ; la Chine commence aussi à suivre cet exemple et, avec les matières premières que ces pays produisent, la main-d'œuvre nombreuse et à vil prix dont ils disposent, l'avenir, dans ces contrées, pour l'écoulement des produits fabriqués de l'Europe, nous paraît fort compromis.

Pour nous, l'avenir industriel et commercial de la France est tout entier, aujourd'hui, dans ses colonies et en Afrique, et c'est vers ces contrées que nous devons diriger, d'abord, tous nos efforts, pour développer les unes et nous faire la plus large place possible dans l'autre. Les colonies que nous possédons sur la côte occidentale sont admirablement situées pour seconder nos desseins : le Sénégal et le Gabon sont les clés naturelles des bassins du Niger et du Congo, dont nous pouvons monopoliser les immenses marchés avec leur concours et en employant les moyens que nous exposons plus loin, au profit de notre pays. Mais il faut se hâter, car l'Afrique est devenue l'objectif de toutes les nations ; son importance dans l'avenir n'échappe à personne, et, de toutes parts, des plans s'élaborent pour y pénétrer et y prendre position ; n'attendons pas d'être devancés ; nous le sommes déjà par l'Angleterre, et nous pourrions l'être aussi bientôt par d'autres, ce qui nous créerait de grandes difficultés, car le bon goût et la supériorité des produits ne sont pas appréciés en Afrique ; c'est le bon marché qui l'emporte et, sous ce rapport, nous lutterions difficilement avec l'Angleterre et l'Allemagne, surtout si celles-ci pénétraient dans ces bassins avant nous.

NOS COLONIES

L'importation des produits étrangers acquiert, chaque année, une importance croissante sur tous les marchés de nos colonies, et si nous continuons à laisser faire, les nôtres s'en trouveront bientôt complètement éliminés.

Pour permettre d'apprécier la gravité de cette situation, nous groupons ci-après les chiffres que nous fournissent les *Annales du commerce extérieur* ; seulement, nous ferons remarquer que, l'administration n'ayant publié, sur le commerce direct de nos colonies avec l'étranger, que les chiffres relatifs aux années 1874 à 1878, pour l'Algérie, et ceux de 1875 à 1877, pour les autres colonies, nous devons limiter notre examen à ces seules années, ce que nous regrettons vivement, car nous croyons que les chiffres qui nous manquent auraient apporté une force nouvelle à notre argumentation.

Exportations de France :
(en millions de francs.)

ALGÉRIE :

	1872	1873	1874	1875	1876	1877	1878	
Commerce général. . .	157.1	160.6	160.6	168.3	169.5	157.2	155.2	
Commerce spécial. . .	140.6	140.3	135.6	146.1	148.5	138.1	129.9	Perte 21.7 sur 1872.
Produits étrangers transitant par la France .	16.5	20.3	25.0	22.2	21.0	19.1	26.3	
Commerce direct avec l'étranger.			50.2	46.6	57.3	64.7	71.5	
Totaux des produits étrangers. . .			75.2	68.8	78.3	83.8	97.8	Augmentation 22.6 en 4 ans
Part proportionnelle : du Commerce français.			64.33 °/₀	68 » °/₀	65.48 °/₀	62.24 °/₀	56.87 °/₀	
» du Commerce étranger			35.67 °/₀	32 » °/₀	34.52 °/₀	37.76 °/₀	43.13 °/₀	

ÎLE DE LA RÉUNION :

	1872	1873	1874	1875	1876	1877	1878	
Commerce général. . .	13.0	14.9	12.4	9.1	9.9	10.0	11.9	
Commerce spécial . . .	10.5	10.7	10.9	8.3	8.6	8.1	9.7	Perte 0.8 sur 1872.
Produits étrangers transitant par la France.	2.5	1.2	1.5	0.8	1.3	1.9	2.2	
Commerce direct avec l'étranger				11.4	13.6	12.9		
Totaux des produits étrangers				12.2	14.9	14.8		Augmentation 2.6 en 2 ans.
Part proportionnelle : du Commerce français				40.49 °/₀	36.60 °/₀	35.38 °/₀		
» du Commerce étranger. . . .				59.51 °/₀	63.40 °/₀	64.62 °/₀		

GUYANE FRANÇAISE :

	1872	1873	1874	1875	1876	1877	1878	
Commerce général. . .	5.1	6.3	5.3	6.0	6.8	7.7	6.6	
Commerce spécial. . .	4.2	5.4	4.4	5.2	5.6	5.4	5.1	Augmentation 0,9 sur 1872.
Produits étrangers transistant par la France	0.9	0.9	1.1	0.8	1.2	2.3	1.5	
Commerce direct avec l'étranger.				1.8	2.3	2.3		
Totaux des produits étrangers				2.6	3.5	4.6		Augmentation 2.0 en 2 ans.
Part proportionnelle : du Commerce français				66.67 °/₀	61.54 °/₀	54 » °/₀		
» du Commerce étranger. . . .				33.33 °/₀	38.46 °/₀	46 » °/₀		

MARTINIQUE :

	1872	1873	1874	1875	1876	1877	1878	
Commerce général. . .	27.1	19.7	18.5	21.6	16.5	20.9	20.7	
Commerce spécial. . .	19.7	15.1	13.1	15.4	11.4	14.0	14.1	Perte 5.6 sur 1872.
Produits étrangers transistant par la France.	7.4	4.6	5.4	6.2	5.1	6.9	6.6	
Commerce direct avec l'étranger				13.7	13.4	14.1		
Totaux des produits étrangers				19.9	18.5	21.0		Augmentation 1.1 en 2 ans.
Part proportionnelle : du Commerce français				43.63 °/₀	38.13 °/₀	40 » °/₀		
» du Commerce étranger. . . .				56.37 °/₀	61.87 °/₀	60 » °/₀		

GUADELOUPE :

	1872	1873	1874	1875	1876	1877	1878	
Commerce général. . .	21.0	16.6	15.9	16.6	13.8	15.9	16.4	
Commerce spécial. . .	17.2	14.1	12.2	12.2	10.1	11.3	11.8	Perte 5.4 sur 1872.
Produits étrangers transitant par la France.	3.8	2.5	3.7	4.4	3.7	4.6	4.6	
Commerce direct avec l'étranger				9.9	10.4	14.3		
Totaux des produits étrangers				14.3	14.1	18.9		
Part proportionnelle : du Commerce français				44.91 °/₀	41.74 °/₀	37.42 °/₀		
» du Commerce étranger				55.09 °/₀	58.26 °/₀	62.58 °/₀		Augmentation 4.6 en 2 ans.

	1872	1873	1874	1875	1876	1877	1878	
SÉNÉGAL :								
Commerce général. . .	17.5	11.6	10.8	11.8	12.2	14.3	14.6	
Commerce spécial. . .	6.4	4.7	4.6	4.8	4.8	4.9	4.9	Perte 1.5 sur 1872.
Produits étrangers transitant par la France.	11.1	6.9	6.2	7.0	7.4	9.4	9.7	
Commerce direct avec l'étranger				5.5	6.2	5.3		
Totaux des produits étrangers.				12.5	13.6	14.7		Augmentation 2.2 en 2 ans.
Part proportionnelle : du Commerce français				27.75 °/₀	26.09 °/₀	25 » °/₀		
» du Commerce étranger				72.25 °/₀	73.91 °/₀	75 » °/₀		
ÉTABLISSEMENTS DE L'INDE :								
Commerce général. . .	0.9	0.9	0.8	1.0	0.8	1.2	1.0	
Commerce spécial . . .	0.8	0.6	0.7	0.9	0.8	1 1	0.9	Augmentation 0.1 sur 1872.
Produits étrangers transistant par la France.	0.1	0.3	0.1	0.1	0.0	0.1	0.1	
Commerce direct avec l'étranger				5.2	7.3	24.3		
Totaux des produits étrangers.				5.3	7.3	24.4		Augmentation 19.1 en 2 ans.
Part proportionnelle : du Commerce français				14.52 °/₀	9.88 °/₀	4.40 °/₀		
» du Commerce étranger				85.48 °/₀	90.12 °/₀	95.60 °/₀		
SAINT-PIERRE MIQUELON ET GRANDE PÊCHE :								
Commerce général. . .	7.8	8.2	7.8	6.9	6.3	6.7	6.8	
Commerce spécial. . . .	7.1	7.5	7.0	6.2	5.9	5.8	5.8	Perte 1.3 sur 1872.
Produits étrangers transitant par la France.	0.7	0.7	0.8	0.7	0.4	0.9	1.0	
Commerce direct avec l'étranger				4.2	4.8	5.2		
Totaux des produits étrangers				4.9	5.2	6.1		Augmentation 1.2 en 2 ans.
Part proportionnelle : du Commerce français				55.86 °/₀	53.16 °/₀	48.74 °/₀		
» du Commerce étranger. . . .				44.14 °/₀	46.84 °/₀	51.26 °/₀		
MAYOTTE, NOSSI-BÉ, MADAGASCAR :								
Commerce général. . .	0.6	1.1	1.1	0.4	0.4	0.3	0.4	
Commerce spécial. . .	0.3	0.7	0.4	0.3	0.3	0.3	0.2	Perte 0.1 sur 1872.
Produits étrangers transitant par la France.	0.3	0.4	0.7	0.1	0.1	0.0	0.2	Perte 0.1 sur 1872.

Commerce direct, pas de renseignements publiés.

				1875	1876	1877	1878	
COCHINCHINE :								
Commerce général.				5.6	5.6	5.2	5.3	
Commerce spécial.				4.8	4.3	4.4	4.1	Perte 0.7 sur 1875.
Produits étrangers transitant par la France.				0.8	1.3	0.8	1.2	Augmentation 0.4 en 3 ans.

Commerce direct, pas de renseignements publiés.

Il est impossible d'attribuer à la stagnation des affaires les réductions subies par nos produits; l'augmentation croissante des importations étrangères détruit absolument cet argument. C'est un déplacement d'affaires qui s'opère au détriment de nos industries et la récapitulation suivante va nous en montrer l'importance:

Importations dans nos Colonies
(en millions de francs.)

Années :	De la France.			De l'Étranger.		
	1875	1876	1877	1875	1876	1877
Algérie	146.1	148.3	138.1	68.8	78.3	83.8
Réunion.	8.3	8.6	8.1	12.2	14.9	14.8
Guyane.	5.2	5.6	5.4	2.6	3.3	4.6
Martinique	15.4	11.4	14.0	19.9	18.3	21.0
Guadeloupe	12.2	10.1	11.3	14.3	14.1	18.9
Sénégal.	14.8	4.8	4.9	12.5	13.6	14.7
Établissements de l'Inde.	9.0	8.0	1.1	5.3	7.3	24.3
Saint-Pierre-Miquelon et Grande-Pêche.	6.2	5.9	5.8	4.9	5.2	6.1
Mayotte, Nossi-Bé, Madagascar.	0.3	0.3	0.3	0.1	0.1	0.0
Cochinchine	4.8	4.3	4.4	0.8	1.3	0.8
Totaux.	212.3	207.5	193.4	141.4	152.8	189.0
Part proportionnelle moyenne du Commerce français	60 » %	57.59 %	50.57 %	»	»	»
» du Commerce étranger	»	»	»	40 » %	42.41 %	49.43 %
Avec l'Algérie retirée : Totaux.	66.2	59.0	55.3	72.6	72.5	105.2
Part proportionnelle moyenne du Commerce français.	47.70 %	44.87 %	34.46 %	»	»	»
» du Commerce étranger.	»	»	»	52.30 %	55.13 %	65.54 %

<pre>
          Nos importations s'élevaient en 1875 à 212.3
          Elles descendaient en 1877, à 194.4
                        Différence. . . . . —————— 18.9 perdus en 2 ans.
          Les produits étrangers entraient en 1875 pour 141.4
          Ils s'élevaient en 1877 à 189.0
                        Différence. . . . .   —————— 47.6 gagnés en 2 ans.
</pre>

Les importations françaises et étrangères réunies se sont élevées :

<pre>
          En 1875 : 212.3 + 141.4 = 353.7
          En 1876 : 207.5 + 152.8 = 360.3 soit   6.6 d'augmentation sur 1875.
          En 1877 : 193.4 + 189.0 = 382.4 —   22.1   d°   sur 1876.

     Le mouvement commercial, a donc augmenté en 2 ans, de .   28.7
et pendant le même temps, l'importation des produits français, a
baissé de. 18.9

     Total égal au chiffre gagné par les produits étrangers. . .   47.6
</pre>

L'augmentation des affaires a donc profité exclusivement aux produits étrangers, et de plus, ils ont pris la place des nôtres, pour un chiffre de 18 millions 900,000 francs ; et cela, en deux ans seulement et dans nos propres colonies !

Ce phénomène trouve son explication dans les causes générales d'infériorité que nous avons déjà indiquées et plus particulièrement dans celles qui suivent.

Le système de gouvernement militaire que nous avons imposé à nos colonies a tari l'émigration qui leur eût apporté des éléments jeunes et vigoureux dont le concours pouvait seul être efficace contre l'esprit de routine et les faire entrer dans la voie du progrès. Aussi voyons-nous aujourd'hui que les rouages et procédés commerciaux sont restés stationnaires ; le commerce de nos colonies est toujours aux mains d'un petit nombre de grandes maisons dont le chiffre d'affaires est limité aux capitaux dont elles disposent et qui n'ont aucun intérêt à ce que les marchés qu'elles exploitent s'agrandissent. L'Algérie seule fait exception, mais il convient de remarquer que ses progrès ne se sont vigoureusement accentués qu'à partir de 1871, c'est-à-dire depuis le moment où l'on a résolument entrepris de substituer le régime civil au régime militaire.

D'un autre côté, le plus grand nombre de nos articles d'exportation, nos tissus de coton et de laine, nos draps, nos modes, les fleurs, les confections et l'article de Paris, se fabriquent

dans le Nord, en Normandie et dans le rayon de Paris, La voie la plus économique pour le
exporter est naturellement celle du Havre, mais le Havre ne possède que deux lignes de
steamers : l'une pour l'Amérique du Nord, effectuant un départ tous les quinze jours ; l'autre, pou
le Brésil et la Plata, avec un départ par mois ; pour tous les autres points de l'Amérique du
Sud, l'Amérique centrale, l'Afrique, l'Asie et le bassin méditerranéen, nos produits fabriqué
doivent aller chercher l'embarquement à Nantes, à Bordeaux ou à Marseille, ce qui les grève
de frais de transport fort lourds, augmente leur coût et rend leur écoulemeut plus difficile a
dehors en concurrence avec ceux de l'étranger.

Enfin, les doctrines du libre-échange *absolu*, qui correspondent si parfaitement aux intérêt
particuliers du commerce, ont rencontré, dans la liberté commerciale accordée à nos colonies
l'occasion tentante d'une application lucrative dont on a profité ; aussi n'y a-t-il pas lieu de
s'étonner que, sous l'influence de ces causes diverses, nos marchés coloniaux soient aujourd'hui
envahis par les produits étrangers. C'était inévitable.

Les graves defauts du régime militaire et l'insuffisance de notre organisation commerciale
peuvent se constater encore dans les exportations de nos colonies qui nous indiquent l'importance de leur production.

I. — Exportations de nos Colonies en France.

(en millions de francs.)

Années	1861	1866	1871	1872	1873	1874	1875	1876	1877	1878
Algérie	63.3	66.9	80.3	140.3	150.6	115.4	112.7	126.3	125.8	122.5
Ile de la Réunion	48.3	26.8	16.1	24.6	23.5	24.0	20.4	24.7	25.0	23.9
Guyane	0.9	1.7	0.8	0.4	0.3	0.5	0.3	0.3	0.3	0.3
Martinique	22.5	20.0	23.4	22.9	21.5	23.6	27.9	19.4	22.7	20.3
Guadeloupe	18.9	19.6	27.3	22.7	22.1	15.6	22.1	13.8	21.6	20.6
Sénégal	6.8	13.1	13.3	10.9	10.9	11.7	9.7	9.3	10.8	11.9
Sainte-Marie, Mayottte, etc.	1.2	1.3	2.5	3.0	2.8	2.5	2.2	1.6	3.2	2.7
Etablissements de l'Inde	15.0	6.8	7.8	11.0	14.5	6.9	7.6	5.0	3.0	3.3
St-Pierre-Miquelon et Gde-Pêche	17.2	22.6	23.9	28.6	28.8	23.4	24.4	26.2	27.6	26.9
Cochinchine	»	»	»	»	»	»	»	»	2.4	1.2
Totaux	194.1	178.8	193.4	264.4	275.0	225.6	227.3	228.3	240.0	232.4
Sans l'Algérie. — Totaux	130.8	111.9	113.1	124.1	124.4	110.2	114.6	102.0	114.2	109.9

II. — Exportations directes de nos Colonies avec l'Etranger

(en millions de francs.)

Années	1875	1876	1877	1878	
Algérie	43.785	48.762	44.389	38.395	
Ile de la Réunion	5.434	5.235	5.834	»	
Guyane	122	130	79	»	
Martinique	8.464	7.975	9.911	»	
Guadeloupe	6.377	7.510	12.450	»	
Sénégal	2.196	1.740	964	»	
Sainte-Marie, Mayotte, etc.	»	»	»	»	Ce sont les seuls renseignements
Etablissements de l'Inde	9.230	12.631	7.293	»	publiés par l'Administration.
Saint-Pierre-Miquelon et Grande-Pêche	2.197	2.462	2.627	»	
Cochinchine	»	»	»	»	
Totaux	77.805	86.474	83.652		
Sans l'Algérie. — Totaux	34.020	37.712	39.163		

III. — Exportations en France et à l'Étranger réunies.

(en millions de francs.)

En France.	227.3	228.3	240.0	en plus	12.7 en 2 ans
A l'Étranger.	77.8	86.5	83.5	en plus	5.7 en 2 ans
Totaux	305.1	314.8	323.5	en plus	18.4
Part proportionnelle : de la France	74.50 °/₀	72.53 °/₀	74.20 °/₀		
» de l'Étranger	25.50 °/₀	27.47 °/₀	25.80 °/₀		
Sans l'Algérie : en France	114.6	102.0	114.2	en moins	0.4 en 2 ans
» à l'Étr nger	34.0	37.7	30.2	en plus	5.2 en 2 ans
Totaux.	148.6	139.7	153.4	en plus	4.8
Part proportionnelle : de la France.	77.10 °/₀	73.02 °/₀	74.45 °/₀		
» de l'Étranger.	22.90 °/₀	26.98 °/₀	25.55 °/₀		

Nous voyons, dans le premier tableau, que l'Algérie seule progresse, tandis que nos autres colonies sont stationnaires ou déclinent, comme chiffre argent ; mais c'est la France qui absorbe la plus grande part des produits coloniaux : 74.45 0/0, contre 25.55 0/0 à l'Étranger, alors qu'elle n'entre que pour 34.46 0/0 dans l'importation, contre 65.54 0/0, part de l'Étranger, chiffres de 1877.

Dans le tableau II, nous remarquons que l'Étranger diminue ses achats en Algérie, à la Guyane et au Sénégal, et que dans nos autres colonies, ces achats restent stationnaires ou progressent légèrement ; mais l'augmentation totale n'est que de 5.2 millions, tandis que l'importation étrangère s'est accrue de (105.2-72.6) = 32.6 millions pendant le même temps.

Enfin, les résultats du tableau III nous donnent une augmentation générale de 18.4 millions, dont 5.7 millions pour l'Étranger ; mais si nous retranchons l'Algérie, l'augmentation descend à 5.2 millions pour l'Étranger et fait place à une diminution de 400,000 francs pour la part de la France avec toutes ses autres colonies.

L'Algérie, laissée en dehors, nous trouvons que :

L'importation totale a été en 1877	de France.	55.3
	de l'Étranger.	105.2
		—— 160.5 millions.
Pendant que l'exportation atteignait	pour la France.	114.2
	pour l'Étranger.	39.2
		—— 153.4 —
Différence passée dans la consommation locale ou restée en magasin.		7.1 —

L'Étranger ayant importé pour une valeur de.	105.2
Et n'ayant exporté que pour	39.2
Il a donc réalisé sur nous un bénéfice de.	—— 66 millions.

D'autre part :

La France ayant exporté un chiffre de	114.2
Et n'ayant importé que.	55.3
Différence.	58.9
À laquelle il faut ajouter la différence par consommation ou magasin	7.1
Elle a donc demandé à l'étranger pour couvrir ses achats .	—— 66. —

Voici maintenant le tonnage des navires français chargés, entrée et sortie réunies

(milliers de tonneaux).

	1861	1866	1871	1872	1873	1874	1875	1876	1877	1878
Algérie	336.6	559.7	772.0	1.085.4	1.069.2	1.140.1	1.182.1	1.261.1	1.300.1	1.415.1
Ile de la Réunion	104.7	54.0	25.0	43.1	36.6	42.0	37.9	36.7	34.8	43.6
Guyane	13.9	18.8	12.3	10.3	9.0	9.7	10.0	12.3	15 0	10.8
Martinique	67.4	76.6	67.8	58.4	53.4	59.1	74.2	52.6	58.9	55.3
Guadeloupe	65.9	53.0	62 6	50.4	45.9	37.3	52.6	37.7	44.5	44.9
Sénégal	32.8	49.2	60.4	52.6	57.0	71.3	83.6	72.4	90.3	117.4
Sainte-Marie, Mayotte, etc.	2.1	3.8	3.3	4.6	3.9	5.2	4 0	4.8	6.8	2.9
Etablissements de l'Inde .	9.9	5.8	3.0	5.1	11.9	2.0	11.9	1.4	1.7	1.5
Cochinchine	»	»	»	»	»	»	7·0	10.2	5.7	6.7
Totaux	543.3	822.9	1.006.4	1.309.9	1.286.9	1.366.7	1.463.3	1 489.2	1.617.8	1.698.2
Sans l'Algérie : totaux . .	286.7	263.2	234.4	224.5	217.7	226.6	281.2	228.1	257.7	283.1

Depuis 1871, l'Algérie est en progrès constant ; la Réunion, la Martinique, la Guadeloupe, et Mayotte subissent des variations correspondantes à la production des sucres, des rhums et tafias; l'Inde est en diminution constante, ses relations s'étendant chaque jour avec l'Étranger; il n'y a que le Sénégal dont le tonnage soit en progrès constant. Mais il convient de remarquer que si le tonnage s'élève, le montant des exportations est stationnaire ou à peu près, tandis que la valeur des importations des produits étrangers s'accroît chaque année comme le tonnage; d'où nous concluons qu'en achetant à l'Étranger les articles fabriqués qu'il importe au Sénégal, le commerce se procure la monnaie pour ses échanges à plus bas prix et obtient ainsi une plus forte quantité de produits coloniaux pour la même dépense; les marchés ne se traitant pas d'après la valeur respective des articles échangés, mais seulement sur leurs quantités, il en résulte que, tout en ayant même mesure, l'indigène reçoit, en réalité, une valeur moindre, sans qu'il s'en doute, ce qui augmente beaucoup le bénéfice du négociant.

En somme, la production aurait augmenté de 1874 à 1878, seules années dont nous ayons les chiffres détaillés par article, de 46,100 tonneaux, qu'il faudrait attribuer principalement aux arachides et aux graines oléagineuses qui figurent pour 188,000 francs aux sorties de l'année 1878. Mais cet accroissement de production, qui ne porte que sur deux articles donc l'un est encore bien faible et bien nouveau pour qu'on puisse en apprécier la solidité, ne peut modifier les résultats généraux de cette étude, car le tonnage des colonies, abstraction faite de l'augmentation particulière au Sénégal, a été, pendant la même période :

(milliers de tonneaux.)

Pour	1874	1875	1876	1877	1878
Tonnage	226.6	261.9	228.1	239.8	248.1

Variations qui proviennent uniquement des produits de la canne : sucre, rhum et tafia.

Le tableau suivant, dans lequel nous indiquons, par nature, la production complète de nos colonies, l'Algérie et la Grande Pêche exceptées, complétera notre démonstration.

Exportations de nos colonies en France.

(en milliers de francs.)

PRODUITS CULTIVÉS

	1874	1875	1876	1877	1878	Entrées du commerce spécial en 1878		
						Quantités tonnes.	Sommes —	Prix moyen de la tonne
Vanille	2.200	1.143	1.348	582	190	27	1.400	51.851 85
Café	2.015	778	1.266	1.666	1.467	54.105	101.200	1.870 43
Riz.	»	1.239	1.347	1.298	278	39.321	16.200	412 »
Rocou.	532	236	884	650	856	»	»	»
Coton.	223	437	44	29	124	134.035	195.900	1.454 47
Cacao.	842	837	863	894	1.255	9.841	22.100	2.245 70
Fruits médicinaux	181	237	67	»	»	»	»	»
Fruits de table	145	120	136	»	60	»	34.300	»
Millet.	»	175	»	»	»	»	»	»
Graines oléagineuses	75	»	83	»	188	321.345	104.100	323 98
Indigo.	1.376	1.132	267	71	»	2.124	32.900	15.480 »
Poivre.	»	113	136	10	198	2.847	3.300	1.159 11
Graines de sésame.	302	3.122	749	897	362	»	»	»
Totaux des cultures diverses . . .	7.891	9.569	7.193	6.101	4.978	»	»	»
Arachides et noix.	7.949	8.647	6.817	6.772	8.663	117.227	33.700	297 47
Totaux des produits cultivés. . .	15.840	18.216	14.012	12.873	13.641	640.872	548.100	

PRODUITS INDUSTRIELS

	1874	1875	1876	1877	1878	Quantités tonnes.	Sommes —	Prix moyen de la tonne
Sucres, rhum et tafias.	54.040	55.525	53.645	59.588	46.739	91.417	101.100	1.104 82

PRODUITS NATURELS

	1874	1875	1876	1877	1878	Quantités tonnes.	Sommes —	Prix moyen de la tonne
Lichens tinctoriaux.	129	140	186	126	»	»	»	»
Peaux brutes	1.061	1.086	932	1.273	603	70.173	151.300	2.154 33
Peaux préparées.	152	5	50	104	103	4.104	26.800	6.457 11
Caoutchouc et gutta-percha . . .	455	321	14	299	74	»	»	»
Bois odorants et d'ébénisterie. . .	271	123	53	92	182	»	16.200	»
Bois de teinture.	87	193	809	353	244	»	»	»
Plumes de parures.	49	36	35	»	»	191	15.000	78.534 »
Cire	40	29	6	4	9	»	»	»
Dents d'éléphants	36	20	23	434	33	»	»	»
Huiles fines	253	530	730	71	»	»	»	»
Écailles de tortues	109	63	»	51	51	»	»	»
Bourre de soie.	»	171	69	2	52	55.097	321.000	5.826 63
Cheveux non ouvrés	»	154	33	»	30	»	»	»
Résineux	29	46	41	»	»	»	»	»
Minerai de cuivre.	»	»	239	»	»	»	»	»
Nattes ou tresses de paille	»	»	62	»	313	1.168	15.000	12.812 46
Gommes.	3.505	1.704	3.245	3.401	2.361	3.230	4.500	1.362 46
Autres articles.	1.136	1.712	2.205	2.402	1.327	»	»	
Totaux des produits naturels. . .	7.352	6.334	8.737	8.676	5.382	78.874	549.800	
Totaux généraux des exportations.	77.232	80.088	76.394	81.137	65.762	851.163	1.195.700	

	1874	1875	1876	1877	1878
Proportion des cultures { Divers. . .	10.21 °/₀	11.94 °/₀	9.42 °/₀	7.52 °/₀	7.57 °/₀
{ Arachides .	10.30 °/₀	10.79 °/₀	8.92 °/₀	8.35 °/₀	13.17 °/₀
	20.51 °/₀	22.73 °/₀	18.34 °/₀	15.87 °/₀	20.74 °/₀
Proportion des produits industriels	69.97 °/₀	69.35 °/₀	70.22 °/₀	73.44 °/₀	71.07 °/₀
Proportion des produits naturels. .	9.52 °/₀	7.92 °/₀	11.44 °/₀	10.69 °/₀	8.19 °/₀
	100 °/₀	100 °/₀	100 °/₀	100 °/₀	100 °/₀

Comme on le voit, les cultures diverses atteignent des chiffres très faibles qui tendent à diminuer chaque année; il n'y a que les arachides qui se maintiennent à un niveau à peu près

constant. Les produits naturels, à part les gommes qui sont toutes fournies par le Sénégal, n'on
d'importance et faiblissent aussi; et, sans les usines à vapeur et leurs distilleries, nous ne tirer
de nos colonies qu'un appoint très médiocre pour notre consommation de produits intertropic
Ces chiffres démontrent donc à l'évidence qu'en dehors de la culture de la canne à sucre
des anciens produits de nos vieilles colonies des Iles : vanille, café, rocou, cacao et fruits,
le chiffre est peu élevé, nous n'avons pas de personnel européen adonné à la culture,
les autres produits provenant des cultures indigènes. Depuis le temps qu'ils sont à l'œu
le système administratif et le commerce colonial ont été impuissants à développer la produc
de nos belles colonies, qui pourraient à elles seules suffire, et au delà, aux besoins de n
consommation ; ils ont supprimé la colonisation ou, du moins, l'ont rendue insignifiante, et
laissé envahir ces marchés, qui devraient être des déversoirs naturels pour nos industries,
les articles fabriqués de l'étranger qui en chassent les nôtres. N'est-il pas temps de modifie
état de choses aussi lamentable et qui porte un préjudice si grave aux intérêts nationaux
notre pays ?

Nous sommes libres-échangistes, en principe; mais tant que les peuples seront partagé
collectivités politiques, dont les intérêts particuliers sont dissemblables et hostiles les uns
autres, nous ne pouvons admettre le libre-échange absolu et cosmopolite qui, dans les condit
d'infériorité où nous sommes, au point de vue économique, amènerait promptement l'envahi
ment de nos marchés par les produits des nations mieux outillées et mieux organisées. La situa
présente n'est pas le fait des générations actuellement aux affaires ; elle résulte des erreur
des fautes accumulées dans le passé, et il serait souverainement injuste d'en faire porter
le poids sur ceux qui n'en sont pas responsables, par une liquidation trop prompte,
occasionnerait des ruines imméritées et compromettrait l'avenir du pays. La nécessité d'
transformation économique complète s'impose, et par l'intérêt du consommateur et par celu
travail national qu'il faut soutenir et développer ; mais elle ne peut s'opérer que lentement
procédant avec prudence et fermeté.

La richesse d'un peuple est en raison du nombre des industries qu'il possède, et
l'importance de son agriculture, parce que ce sont elles seules qui, en transformant les mati
naturelles en produits utiles d'une valeur déterminée, ou en obtenant du sol ces prod
tout formés, créent des capitaux nouveaux, et que, plus leur production est grande, plus
exige de monde pour les répartir et les faire circuler, ce qui augmente et généralise le b
être dans la population.

Mais, entre le producteur et le consommateur, deux facteurs s'interposent : les entrepr
de transports et le commerce, qui exercent une influence considérable sur le coût de la
duction et sur les prix de vente; leur organisation et leur fonctionnement ont une import
capitale, car ils peuvent entraver, diminuer et même supprimer la production et, par suite
formation des capitaux nouveaux.

Les entreprises de transports ne créent pas de valeurs nouvelles ; elles sont uniquem
des agents de transmission des valeurs formées ou en formation. D'une part, elles rapproc
les matières premières des usines de production, et, d'autre part, elles servent de canau
répartition pour écouler les produits fabriqués. Le coût des transports, ayant une influ
décisive sur le coût de la production et sur la consommation, les entreprises de ce g
devraient être, ou soumises aux effets de la concurrence illimitée, ou placées entre les main
l'État, comme les postes et les télégraphes, car les bénéfices qu'elles réalisent sont de vérita
impôts prélevés sur la fortune publique, dont ils paralysent l'essor. C'est une des causes p
cipales de notre infériorité économique, qu'il est urgent d'atténuer et de supprimer ensuite.

Le commerce ne crée pas non plus de valeurs nouvelles ; son concours est utile et sou ême indispensable; mais ce n'est qu'un intermédiaire onéreux, car en aidant au déplacement ²s valeurs formées, il en élève le prix, à son profit, d'une façon arbitraire que la concurrence ⁻ut seule limiter, et il prélève ainsi, sur le consommateur, un impôt souvent fort lourd et ⁻rs de proportion avec la valeur du service rendu. C'est un spéculateur, qui pèse sur le ⁻oducteur pour en obtenir des prix aussi bas que possible, et qui s'efforce ensuite de faire ⁻yer, au consommateur, les produits achetés le plus cher qu'il peut.

Naturellement, le commerce est partisan du libre-échange absolu, et voudrait pouvoir effec-⁻er ses achats sur tous les points du globe, en n'ayant à consulter que son intérêt. Mais ce ⁻rait l'envahissement du marché français par les produits étrangers qu'un outillage nouveau, ⁻e main-d'œuvre moins chère ou seulement une situation naturelle plus favorable, permettrait ⁻obtenir à plus bas prix que leurs similaires en France et qui donneraient, par conséquent, un ⁻néfice plus élevé ; ce serait, aussi, l'arrêt ou la suppression de tout ou partie de la produc-⁻n nationale, la réduction de la consommation, malgré le bon marché des produits, par suite ⁻s salaires supprimés, et la misère gagnant de proche en proche, si l'on n'arrêtait ce nouveau ⁻au. Ce serait encore la fortune publique livrée à l'arbitraire des spéculateurs, l'enrichisse-⁻ent d'une classe de citoyens au détriment de la nation, enrichissement éphémère et instable ⁻u reste, parce qu'il proviendrait uniquement du déplacement des capitaux formés, tandis que ⁻ vraie richesse, celle qui est stable et durable, n'a qu'une source unique : la production, qui ⁻ule peut donner naissance aux capitaux nouveaux.

Ces capitaux nouveaux ne sont pas des capitaux entièrement acquis; ils sont soumis à des ⁻uses diverses de déperdition, telles que : l'usure, les réparations, l'entretien, les naufrages, ⁻s épizooties, les inondations, les incendies, et c'est seulement la différence, entre les capitaux ⁻oduits et les capitaux détruits, qui représente le capital acquis, c'est-à-dire l'augmentation ⁻ la richesse nationale.

L'exportation est un moyen merveilleux d'enrichissement rapide pour une nation, parce ⁻'elle augmente la production des capitaux nouveaux et qu'elle les transforme immédiatement ⁻ capitaux acquis, inaltérables, toutes les causes de destruction étant supportées par les pays ⁻i reçoivent l'importation. L'intérêt national exige donc que nous ne négligions aucun effort ⁻ur accroître l'importance de nos exportations et, avant tout, que nous conservions à nos· ⁻dustries les marchés qui doivent naturellement leur appartenir.

Nos colonies sont de ce nombre ; elles ont coûté à la France de grands sacrifices d'hommes ⁻ d'argent pour les conquérir et les conserver; leur exploitation doit donc être organisée au ⁻ofit des intérêts généraux du pays. Dans les conditions où elles sont actuellement, elles ne ⁻ofitent qu'à un petit nombre de citoyens; il faut changer ces conditions et adopter des mesures ⁻ficaces pour donner les plus grands développements possibles à leurs cultures, bases fonda-⁻entales de l'accroissement des échanges commerciaux; c'est une nécessité qui s'impose ⁻solument.

Les colonies doivent être considérées comme des prolongements de la France; ce sont des ⁻rres françaises et nos produits nationaux doivent pouvoir y pénétrer et y circuler, sans avoir à ⁻pporter aucuns droits de douane et sans autres charges que les frais occasionnés par leur ⁻ansport, comme s'ils transitaient d'un port à l'autre de notre territoire. Ils doivent y jouir des ⁻êmes droits et protections qu'ils possèdent en France et, par conséquent, les produits étran-⁻rs ne doivent être admis à leur faire concurrence, qu'après avoir acquitté les droits ⁻entrée spécifiés au tarif général des douanes ou au tarif particulier des traités de commerce, ⁻ur les nations avec lesquelles nous sommes liés par des traités de cette nature.

Les produits coloniaux doivent être traités de la même façon à leur entrée en France ; ⁻ se sont des produits français.

Nous ne pouvons demander à nos colonies de participer à nos lourdes charges, mais il est naturel et équitable qu'elles ne nous en imposent pas de nouvelles et qu'elles couvrent leurs propres dépenses au moyen d'impôts locaux, et si, ceux que l'on peut établir sont insuffisants, au moyen de droits de sortie sur les produits coloniaux exportés. Ce dernier mode ne peut apporter aucun trouble dans les échanges commerciaux. Que ces droits soient prélevés à l'entrée ou à la sortie, leur quotité reste la même ; mais il vaut mieux les demander aux produits du pays, au moment où ils s'exportent, plutôt qu'aux articles qui s'importent pour servir de monnaie d'échange ou pour la consommation locale, parceque : dans le premier cas, ils influent sur le prix d'achat aux indigènes qu'ils abaissent ; tandis que, dans le second, en augmentant la valeur de la monnaie d'échange qui, en Afrique notamment, ne s'emploie qu'au poids ou à l'aunage, ce qui rend les différences plus apparentes, ils gênent les transactions et favorisent les articles légers ou de fabrication commune dont l'Étranger s'est fait une spécialité dans ces contrées, au détriment des nôtres dont la qualité est supérieure.

Pour faire renaître un courant d'émigration indispensable pour développer la production et les échanges, il faut d'abord doter nos colonies de gouvernements civils, afin que, partout où flotte le drapeau de la France, le citoyen soit assuré de rencontrer les mêmes lois, les mêmes garanties de liberté, d'égalité et de justice que dans la patrie même. C'est aussi par l'exemple de la pratique de nos institutions que l'on amènera les populations indigènes à en reconnaître la supériorité, à s'en pénétrer et à s'y attacher, et que l'on rendra leur assimilation facile et certaine dans un temps très rapproché.

Ensuite il faut, pour faciliter l'émigration et la soutenir, relier nos colonies à la France par des lignes de steamers régulières qui les mettent en correspondance avec nos premiers ports de commerce : le Havre, Nantes, Bordeaux et Marseille. L'émigrant se sent moins isolé lorsqu'il a des moyens de transport fixes et réguliers à sa disposition et pouvant faire venir directement de France les articles dont il a besoin et y expédier ses produits ; il échappe à l'omnipotence des grandes maisons qui, seules, possèdent ces moyens de transport actuellement et n'est plus obligé, pour s'y soustraire, de s'adresser à l'étranger comme il le fait aujourd'hui. L'organisation de services maritimes à vapeur est surtout urgente et indispensable pour la côte d'Afrique si nous voulons y développer le commerce et étendre nos relations dans l'intérieur de ce grand continent, car le commerce y est à peu près monopolisé par un petit nombre de grandes maisons, fort jalouses de leurs avantages, et dont l'intérêt n'est pas d'aider de nouveaux venus à faire concurrence à leurs comptoirs ou à leurs agents, mais plutôt de les éloigner des marchés qu'elles exploitent. C'est à ce monopole que nous devons attribuer la décadence de nos exportations à la côte. Le mode d'exploitation commerciale s'est à peine modifié depuis que les premiers Dieppois y sont venus trafiquer, mais pendant que nous restions stationnaires, les autres nations marchaient, multipliaient leurs comptoirs et leurs lignes de steamers, imposaient leurs articles à la consommation locale, et finissaient par les imposer aussi à nos maisons, débordées par cette concurrence active contre laquelle elles sont impuissantes à lutter. La continuation de ce système peut être désirée par les maisons qui en profitent, mais il faut le dire hautement, il ne peut être maintenu sans sacrifier les intérêts généraux de la France à l'intérêt particulier de ces maisons.

Nous avons montré déjà quels déplorables résultats nous en avons obtenu au Sénégal ; ils ne sont pas moins tristes au Gabon et sur toute la côte.

Au Gabon, quelques grandes maisons sont venues tenter la fortune, mais d'une façon intermittente et l'ont ensuite abandonné. Aujourd'hui, il n'y a plus que cinq ou six Français faisant le commerce de détail à Libreville ; tout le grand commerce est aux mains de maisons anglaises et allemandes.

Sur la côte, le mouvement commercial donne les résultats suivants :

(en millions de francs).

Années :	1872	1873	1874	1875	1876	1877	1878
Importations en France.	27.3	21.3	28.2	33.4	33.2	37.9	37.5
Exportations de France.	8.	9,5	7.5	8.1	3.5	3.0	2.3
Différence	18.9	11.8	20.7	25.3	29.7	34.9	35.2

Les différences s'accroissent chaque année à notre détriment, l'importation augmente, tandis que nos exportations s'abaissent et ne représentent plus qu'un chiffre insignifiant ; parce que là, comme au Sénégal, ce sont les articles étrangers qui remplacent les nôtres pour payer les produits de la côte.

Cela ne peut surprendre, du reste, quand on connaît l'organisation maritime des étrangers ; en voici l'énumération :

ANGLAIS. 1° **The British African Steam navigation Company**
qui effectue 3 *départs* par mois de Liverpool et touche aux points suivants :

Madère, Ténériffe, Grande-Canarie, *Gorée*, Bathurst, Sierra-Leone, Monrovie, Cap-Palmas, *Grand-Bassam*, Half-Jack,. Cape-Coast-Castle, Salt-Point, Winnebah, Accra, Jellah-Coffee, Petit-Popo, Whydah, Lagos, Bonny, Fernando-Pô, Old-Calabar, Cameroon, Eloby, *Gabon*, Ile San-Thomé, Black-Point, Landana, Congo, Ambrizette, Kinsembo, Ambriz et Loanda.

2° **The African Steam Ship Company**
qui a 2 *départs* par mois, de Liverpool et fait la correspondance avec Hambourg et Rotterdam. Elle dessert les escales suivantes :

Madère, Ténériffe, Grande-Canarie, Sierra-Leone, Monrovie, *Grand-Bassam*, Cap Palmas, *Assinie*, Cape-Coast-Castle, Salt-Point, Winnebah, Accra, Addah, Jella-Coffee, Petit-Popo, Grand-Popo, Lagos, Bonny, Fernando-Pô, et Old-Calabar.

Elle accepte, en outre, des chargements à transborder pour : Benin, Brass, New-Calabar, Opobo et les ports du sud.

3° **The West African Steam navigation Compagny**
qui a commencé son service le 1ᵉʳ décembre 1879, et qui n'a encore *qu'un départ* par mois, de Londres. Elle fait escale à :

Hambourg, Lisbonne, Madère, Ténériffe, Grande-Canarie, *Gorée*, Bathurst, Iles de Los, Sierra-Leone, Monrovie, *Grand Bassam*, Axim, Cape-Coast-Castle, Winnebah, Accra, Addah, Quittah, Aghwey, Petit-Popo, Grand-Popo, Whydah, Lagos, Bonny, Old-Calabar, Fernando-Pô, Black-Point, Landana, Congo, Ambrizette, Kinsembo, Ambriz et Loanda.

HOLLANDAIS. **L'Afrikaansche Handelsveere-eeniging**
qui possède 70 comptoirs environ sur la côte et les dessert *deux fois* par mois par des steamers qui recueillent les produits pour les concentrer sur deux points principaux, où d'autres steamers de plus fort tonnage viennent les charger pour les transporter en Europe.

PORTUGAIS. **Empreza Lusitana** (Compagnie anglaise sous pavillon portugais)
qui part le 5 de chaque mois de Lisbonne et touche à :

Madère, Iles du Cap-Vert, Bolama, Cap-Palmas, Ile du Prince, Ile San-Thomé, Congo, Ambriz, Loanda, Benguella et Mossamèdes.

Ainsi, tous les ports de la côte occidentale d'Afrique sont visités *six fois* par mois et les moins bien partagés, *trois fois*, au voyage d'aller et autant au voyage de retour, de sorte que les indigènes voient le pavillon anglais *12 fois* par mois et au moins *6 fois*.

Le petit État du Portugal a su s'imposer les charges nécessaires pour faire desservir tous les ports de ses colonies par une ligne de steamers.

Et la France a seulement : les Messageries Maritimes, qui *2 fois*, par mois, touchent à Dakar. C'EST TOUT.

Il faut remarquer que Dakar ne peut être bien desservi par une ligne dont tous les intérêts sont en Amérique; ce n'est qu'une escale où elle ne peut prendre charge que si elle a du vide disponible, circonstance que tous ses efforts doivent tendre à éviter ; car elle subit une perte lorsque ses steamers n'ont pas leur plein pour traverser l'Atlantique. Il n'y a aucun commerce direct entre l'Amérique du Sud et l'Afrique, qui consomment toutes deux les articles de l'Europe et lui fournissent des produits similaires. C'est seulement au voyage d'aller que l'escale peut être utile à la Compagnie, en lui procurant un certain chiffre de transports et des voyageurs; mais nous avons vu plus haut que le port de départ, Bordeaux, est peu propice pour nos exportations en raison de son éloignement des régions où se fabriquent le plus grand nombre des articles qui s'exportent.

Autrefois, les Messageries Maritimes touchaient à Saint-Vincent (île du groupe du Cap Vert), comme toutes les autres lignes transatlantiques, et c'est le Gouvernement qui lui a imposé l'escale de Dakar ; mais on n'a pas réfléchi que cette escale, sans nécessité commerciale pour l'Amérique du Sud, pouvait exposer notre colonie à des dangers sanitaires sérieux, par l'importation possible de la fièvre jaune, ainsi que nous en avons eu le douloureux exemple récemment, et nous estimons que la convenance de la maintenir mériterait une étude approfondie ; car si ce fléau, qui désole le golfe du Mexique et le Brésil, venait s'ajouter souvent aux affections qui éprouvent déjà les constitutions européennes au Sénégal, l'avenir de cette belle et utile colonie pourrait en être sérieusement compromis.

Les Anglais offrent plus d'avantages que nous à notre colonie du Sénégal, car leurs lignes touchent à Gorée-Dakar, 4 fois par mois à l'allée et autant au retour. Grand-Bassam et Assinie que nous avons abandonnés en 1872 et cédé en 1874, le premier, à la maison Verdier, de la Rochelle, et le second, à la maison Swanzy, de Londres, avec son fort et ses canons, sont desservis par les lignes anglaises : Grand-Bassam, 6 fois par mois et Assinie 2 fois, à l'aller et autant au retour, ce qui prouve que nos voisins ont été plus habiles que nous pour y faire des affaires.

Une telle situation est vraiment humiliante pour un grand pays comme le nôtre, et elle est de plus fort dangereuse pour notre avenir commercial en Afrique ; car, non seulement nos intérêts en souffrent cruellement, mais notre prestige s'en trouve gravement compromis et disparaîtrait bientôt entièrement si nous n'avisions pas promptement.

En effet, dans chaque port de l'Afrique, l'échantillonnage du commerce est différent, et c'est en vain qu'on s'y présenterait avec des articles non classés sur la place; on n'y pourrait traiter une seule affaire. Cette coutume vient en partie du goût des indigènes qui se porte sur certains articles plutôt que sur d'autres ; mais elle a été surtout encouragée et entretenue avec soin, par les négociants de chaque place, dans le but de limiter l'importance de leur assortiment et d'écarter les concurrents qui, arrivant sans connaître l'échantillonnage du lieu, tenu secret par les intéressés, devaient ainsi éprouver un échec complet qui leur ôtât l'envie de recommencer. Mais cet échantillonnage a dû subir cependant des modifications successives ; les plus nombreux et les mieux organisés et outillés, ont fait prévaloir peu à peu leurs articles, et aujourd'hui ce sont les produits anglais et allemands qui dominent sur tous les points. Nos grandes maisons, impuissantes à lutter contre cette concurrence savante, secondée par un personnel nombreux et une organisation maritime puissante, ont dû les adopter pour ne pas compromettre leurs intérêts ; mais aujourd'hui, qu'elles fournissent des produits anglais et allemands aux indigènes, ces derniers dont le cerveau peu développé n'admet que des raisonnements simples, en concluent que nous ne pouvons pas fabriquer ces articles nous-mêmes, et que les nations auxquelles nous les empruntons doivent être supérieures à la nôtre ; opinion que, le nombre des négociants étrangers établis sur tous les points de la côte et l'absence de toute concurrence maritime aux lignes anglaises, viennent encore fortifier.

C'est au grand développement qu'elle a eu l'intelligence de donner à ses services maritimes que l'Angleterre doit sa supériorité industrielle et commerciale. Desservant d'une façon régulières tous les points du globe, ils en ont facilité l'exploitation par leurs nationaux, en mettant à leur disposition des moyens de transport rapides et économiques qui permettent à l'émigrant d'aller tenter au loin la fortune avec un capital très faible ; ils ont ainsi démocratisé le commerce, donné une grande impulsion à la production dans les pays d'outre-mer et dirigé les courants commerciaux au profit de leurs industries qui, pour satisfaire aux besoins croissants qu'ils faisaient naître, ont acquis d'immenses développements. Les merveilleux résultats que les Anglais ont ainsi obtenus par l'organisation de leurs services maritimes sur tous les points du monde, sont les mêmes que nous avons vu se produire en France, sous l'action fécondante de nos chemins de fer ; les lignes maritimes ; sont *les chemins de fer de la mer* et sont, à notre époque, aussi indispensables à la conservation et à l'extension du commerce d'exportation, que le sont les voies ferrées au développement des facultés productives d'une nation.

C'est par des lignes maritimes qu'on peut seulement réussir à former les grands courants commerciaux et à les fixer. La marine des particuliers sert ensuite à les accroître en en profitant ; il est donc urgent que nous établissions, comme nos voisins, un réseau complet de ces chemins de fer de la mer ; c'est le complément nécessaire des grands travaux publics en cours d'exécution ou projetés, et en l'exécutant, nous donnerons enfin, à notre pays, les moyens d'expansion qui lui manquent pour utiliser complètement sa situation géographique admirable, et les merveilleuses ressources dont il dispose .

Nous ne devons pas nous dissimuler toutefois, que la création de ces lignes maritimes rencontrera des difficultés sérieuses, car elles auront à lutter avec celles qui fonctionnent actuellement, et ne pourront pas être suffisamment soutenues par nos nationaux dont le nombre est trop restreint à l'étranger ; mais nous croyons que ces difficultés pourraient être fort amoindries, et même supprimées, en organisant ces lignes nouvelles selon le système que nous avons adopté pour celles que nous projetons d'établir pour desservir la côte occidentale d'Afrique et que nous exposerons plus loin ; nous le jugeons excellent et pensons qu'il peut être employé fructueusement dans le plus grand nombre des pays d'outre-mer ; nous serions heureux qu'on nous l'empruntât dans l'intérêt du pays, car c'est le seul qui puisse, selon nous, nous restituer notre influence commerciale dans le monde et nous permettre de soutenir avantageusement la concurrence internationale qui s'efforce de nous supplanter. Notre projet résout la question pour la côte occidentale d'Afrique ; que d'autres nous imitent et étudient la solution pour les autres parties du monde, c'est une œuvre d'intérêt national, et les hommes intelligents ne manquent pas en France pour l'accomplir.

L'AFRIQUE

Par la fertilité inouïe de son sol et la variété de ses productions, l'Afrique offre des ressources merveilleuses aux industries de l'Europe; les produits du monde entier y existent naturellement ou peuvent y être cultivés : ses habitants, qui se comptent par centaines de millions, sont à peu près nus, dénués de tous ces objets que l'homme civilisé trouve indispensables, et peuvent ainsi fournir d'immenses débouchés à ces produits fabriqués, qui nous encombrent aujourd'hui. Mais, pour mettre toutes ces richesses naturelles en valeur, pour en augmenter le nombre, donner une grande extension aux échanges et étendre les marchés jusqu'au centre du grand continent, il ne suffit pas de créer des routes, des chemins de fer, pour exporter les produits du sol, il faut encore apporter en Afrique les moyens d'instruire les populations indigènes, de leur donner le goût du travail, de modifier leurs mœurs, leurs usages grossiers ou barbares, de les civiliser, en un mot, et, avant tout, de détruire l'odieuse institution de l'esclavage qui, tant qu'elle subsistera, opposera une barrière infranchissable à la civilisation de ces contrées.

L'État ne peut entreprendre une telle œuvre; les moyens d'action dont il dispose sont bons pour conquérir et gouverner, mais leur emploi serait nuisible et très dangereux dans ces contrées nouvelles; ils pourraient nous entraîner à des sacrifices d'hommes et d'argent, dont il est impossible de fixer les limites, et produiraient des résultats absolument opposés à ceux qu'il faut obtenir. Il n'y a qu'une grande Compagnie, organisée spécialement pour cet objet, procédant avec méthode et suivant un plan bien conçu, qui puisse l'accomplir, ainsi que nous espérons réussir à le démontrer.

Jusqu'ici, nous avons toujours suivi, pour établir notre domination, le système employé par tous les chefs d'États depuis l'antiquité, en y apportant, il est vrai, quelques tempéraments humanitaires dans la forme, mais en en conservant les bases fondamentales ; c'est-à-dire la force pour dompter et réduire les peuples à la soumission passive, et la religion pour les moraliser, adoucir leur caractère et leur enseigner la résignation.

Ce système n'a jamais donné que des résultats insignifiants et sans valeur, l'histoire est là pour l'attester, et l'expérience plus moderne que nous en avons faite en Afrique et en Cochinchine suffirait à nous en démontrer l'inefficacité et les dangers. Il provoque et soulève toutes les forces sociales et morales des peuples attaqués, et si ceux-ci doivent céder à la force, leur ressentiment subsiste et grandit en raison de leur impuissance ; les chefs militaires et religieux entretiennent cette hostilité dont ils comptent tirer parti un jour, et organisent le vide autour des envahisseurs. L'antagonisme des deux races en présence devient chaque jour plus profond et dans de pareils milieux, la civilisation et le commerce ne peuvent prendre aucun développement. Ce système est d'un autre âge et ne convient plus à notre époque. Ce n'est pas par le perfectionnement et la puissance de son armement qu'une race prouve sa supériorité sur une autre; lorsqu'elles se rencontrent, chacune d'elles se croit supérieure à l'autre, car l'orgueil de l'homme est le même partout, et la moins avancée est excusable, car le degré de civilisation s'établit seulement par la comparaison; c'est à la plus avancée qu'il appartient de l'initier dans l'intérêt de la société humaine dont chaque individu est solidaire. Il est contraire à nos principes, car la République a pour base le respect du droit, les peuples de l'Afrique ne nous font aucun mal, ne nous attaquent pas ; si nous avons besoin d'eux pour nous fournir de nouveaux débouchés commerciaux, ce n'est pas une raison suffisante pour leur faire la guerre et les subjuguer parce qu'ils sont faibles et que nous sommes forts. La France du suffrage universel ne peut exposer, ni un homme, ni un écu, pour conquérir par la force des sujets qu'elle devrait ensuite faire gouverner par des moyens autoritaires et despotiques dont elle a réussi à s'affranchir et qu'elle réprouve ; elle connait aujourd'hui ce que coûte la gloire militaire et son inanité, et ne doit plus dépenser le sang de ses enfants et l'argent des contribuables que pour la défense du territoire ou de ses intérêts vitaux contre une agression qui les mettraient en péril.

La conquête de l'Afrique ne peut être faite par les armes ; ce serait une œuvre vaine et sans avenir ; on n'y doit employer que des moyens absolument pacifiques. Nous devons nous présenter aux populations indigènes en amis, en agriculteurs, en instructeurs et en bienfaiteurs, et ne recourir à l'emploi de la force que dans les cas extrêmes : pour défendre la vie ou repousser une attaque injuste, et après avoir inutilement épuisé tous les moyens de conciliation possibles.

Nous devons nous abstenir rigoureusement d'intervenir dans leurs affaires particulières, pour ne pas avoir à prendre parti dans leurs conflits, et nous montrer constamment indifférents et neutres dans les questions de religion, pour ne fournir aucun prétexte d'hostilité aux sectes fanatiques si nombreuses dans ces contrées, où elles enseignent la haine des Européens dont elles redoutent l'influence.

La religion catholique est infiniment supérieure au mahométisme et au fétichisme, qui sont les religions pratiquées par les peuples de l'Afrique; mais son concours ne peut être d'aucune utilité pour l'œuvre projetée, et il serait même fort dangereux d'y recourir. On provoquerait inévitablement une guerre religieuse sans issue, car les principes de la religion catholique sont en opposition trop prononcée avec les mœurs et l'organisation sociale des indigènes pour que ces derniers les acceptent volontairement; ils ne sont pas en état d'en apprécier la valeur morale.

Elle combat la polygamie, qui est une des bases fondamentales de la société en Afrique, ce qui lui aliène tout d'abord l'esprit des indigènes qui sont fort attachés à cette institution, parce que les familles nombreuses donnent la puissance et la richesse, et peut-être aussi parce qu'elle leur offre un moyen merveilleux de conserver leur race et de réparer promptement les pertes que leurs guerres continuelles occasionnent. Si la polygamie n'avait pas existé en Afrique, avec les hécatombes humaines qui s'y pratiquent depuis des siècles, il est fort probable que ce grand continent serait aujourd'hui désert ou à peu près. Le spiritualisme des dogmes catholiques est trop élevé pour être compris de ces peuples primitifs et grossiers; ils préfèrent, aux félicités morales et idéales qu'on leur promet comme récompense après leur mort, le paradis de Mahomet où ils doivent trouver les plus belles femmes et toutes les jouissances matérielles de ce monde; cela parle plus directement à leurs sens, et cela explique les grands succès de la religion musulmane dans ces contrées, où nos missionnaires réussissent si peu. Enfin, avec ses cultes divers, avec ses images, ses reliques, ses scapulaires, ses médailles, la religion catholique offre des rapprochements trop sensibles avec le fétichisme pour qu'elle puisse prendre une autorité sérieuse sur ceux qui le pratiquent. Ils n'y voient qu'une contrefaçon de ce qu'ils ont : les saints sont les bons ou mauvais esprits auxquels ils sacrifient; les images sont l'équivalent de leurs idoles; les reliques, les scapulaires, les médailles : leurs grigris; et comme ces cultes nouveaux sont d'origine étrangère, ils leur préfèrent ceux que leur ont transmis leurs ancêtres, ou bien, ils font comme au Congo, où, sous l'influence du roi indigène, le catholicisme avait pris jadis de très grands développements, ils pratiquent les deux cultes ensemble, vont prier à l'église et ensuite sacrifier à leurs idoles.

C'est une erreur commune à tous les peuples d'attribuer aux religions une puissance civilisatrice qu'elles ne possèdent pas en réalité. Certains peuples chrétiens, les Abyssins, par exemple, ne sont pas plus civilisés que d'autres encore idolâtres. C'est qu'il y a deux éléments bien distincts dans toutes les religions : *la foi*, la croyance en la révélation divine que toutes ont pour origine, qui peut exercer une influence morale très utile, mais qui, ne pouvant se prouver, est acceptée ou rejetée suivant que les milieux différents et est surtout une question de tempérament et de sentiment; et *les règles*, qui ont un but plus politique que religieux et sont conçues pour aider l'autorité à discipliner les peuples et à les maintenir sous le joug. Les religions, privées de l'appui de la force matérielle et du concours du pouvoir, n'exercent qu'une influence morale fort secondaire sur la civilisation des peuples. Les progrès de cette dernière sont uniquement subordonnés et proportionnés aux développement des intérêts matériels, du goût pour le travail, de la bonne répartition des richesses et de l'étendue des libertés dont jouissent les citoyens.

Si les guerres de religion sont devenues impossibles en Europe, c'est au développement énorme des intérêts matériels et à la diffusion des richesses dans toutes les classes de la société que nous le devons; chacun possède quelque chose et ne se soucie pas de l'exposer; l'augmentation du bien-être rend bon et tolérant, et tous les intérêts, se sentant solidaires, opposent une force d'inertie insurmontable à toutes les excitations.

Si les Boërs, chassés du Cap et toujours refoulés vers le nord par l'invasion anglaise, ont constamment réussi à s'établir sur de nouveaux territoires et au milieu de populations indigènes différentes, c'est qu'ils ont toujours respecté les croyances et les coutumes de ces dernières et qu'ils s'adonnaient à l'agriculture.

Enfin, si en Algérie, nous n'avons pu, pendant trop longtemps, obtenir de résultats appréciables avec les indigènes, c'est que nous leur apportions le despotisme militaire qui ne leur offrait aucune différence avec celui qu'ils subissaient déjà et que, du reste, nous laissions subsister. Ils ne voyaient aucun avantage dans cette superposition d'un nouveau despotisme sur l'ancien, mais plutôt des obligations et des charges nouvelles très lourdes à supporter. Nos progrès n'ont été réels que depuis l'établissement du régime civil et, avec l'accroissement de la colonisation qui en est résulté; avec les chemins de fer qui contribuent à l'étendre et à créer entre les populations des liens d'intérêts permanents, ces progrès prennent chaque jour une importance plus grande et la rapidité ainsi que la solidité des transformations qui s'accomplissent, indiquent à l'évidence, qu'on a enfin trouvé la voie qui doit nous conduire à l'assimilation des indigènes dans un temps très rapproché.

Les résultats que nous obtiendrons dans le Soudan et dans l'Afrique équatoriale seront plus complets encore et surtout plus prompts, car les populations n'y ont pas encore subi le contact permanent des blancs et n'ont pas eu à en souffrir. C'est avec nos établissements agricoles, nos comptoirs, l'instruction des enfants et, plus tard, nos villages de libérés que nous développerons les intérêts matériels de ces populations, que nous les transformerons en les pénétrant de nos idées, ou, ce qui résume mieux notre pensée, des grands principes de notre glorieuse Révolution de 1789, auxquels nous devons notre émancipation, et qui sont aujourd'hui les bases sur lesquelles repose la société moderne.

La puissante et heureuse influence qu'ils exercent sur le monde entier, est immense et indestructible; tous les progrès leur sont dus et leur action sera d'autant plus énergique et rapide sur les peuples de l'Afrique, qu'il n'existe pas de castes puissantes, ni de corps privilégiés fortement organisés pour leur résister. Les Africains sont des hommes comme nous, il faut employer avec eux les moyens qui nous ont réussi et nous ont fait ce que nous sommes ; il y a cent ans, à part une élite privilégiée, la masse du peuple de nos campagnes n'était pas plus civilisée que les indigènes du Soudan ; l'efficacité de ces principes est donc certaine, et il faut les employer à la grande œuvre humanitaire de la régénération de l'Afrique, car il n'en existe pas de plus puissants, ni de plus efficaces, et c'est en vain qu'on essayerait de la réaliser sans leur concours.

Les peuples de l'Afrique sont soumis au despotisme le plus dégradant, et s'ils le supportent, c'est qu'ils n'ont aucune notion d'un état social supérieur ; aussi, quand ils renversent parfois un de leurs chefs, c'est pour le remplacer par un autre qu'ils supposent meilleur. Le contraste que l'administration paternelle de nos établissements leur offrira, sa loyauté, son équité et les garanties de sa justice, éveilleront leurs consciences et avec l'accroissement du bien-être et des richesses que nous leur procurerons en achetant leurs produits, nos idées libérales seront en bon terrain pour germer. Un jour viendra où ils se lasseront d'être continuellement exposés aux exactions, au pillage, à la dispersion de leur famille et à la mort, sur le caprice de leurs chefs ; où ils voudront être libres et jouir en paix du fruit de leurs travaux. Nous suivrons avec attention toutes les phases de cette évolution, mais sans chercher à l'activer par des moyens artificiels, car un mouvement trop hâtif pourrait amener l'anarchie et lorsqu'il sera mûr, nous lui fournirons le point d'appui nécessaire et en prendrons résolument la direction.

Les potentats africains n'ont pas de racines profondes dans le pays ; ils ne se maintiennent que par l'habitude, la force ou la terreur ; rien ne sera plus facile que de les renverser, et nous trouverons dans nos établissements des ressources militaires plus que suffisantes pour nous garantir le succès.

Nous pourrons alors procéder à l'organisation administrative des territoires affranchis, en la calquant sur la nôtre et en attribuant une très large part aux indigènes dans les fonctions publiques ; puis nous inviterons ces nouveaux États à se placer sous le protectorat, ou, si le Gouvernement approuve, sous la souveraineté directe de la France.

Tels sont les principes généraux et les exemples dont nous nous sommes inspirés pour établir notre projet et d'après lesquels tous nos moyens d'exécution ont été combinés et étudiés. Nous avons la conviction profonde qu'il n'en existe pas de plus puissants et de plus sûrs pour conquérir pacifiquement l'Afrique et la civiliser en un temps relativement très court. Que l'on compare les deux systèmes de conquête en présence et que l'on juge.

L'ancien est un legs des âges passés, la force est son unique moyen ; il peut détruire et comprimer, mais tout ce qu'il crée est éphémère parce qu'il l'impose ; la violence n'a jamais persuadé, elle a toujours, au contraire, provoqué la révolte et les représailles des opprimés.

Le nouveau, que nous proposons, s'appuie sur la raison et procède de l'esprit moderne, qui sait que ce n'est pas en s'entretuant que les hommes peuvent arriver à se comprendre et à s'aimer, mais seulement en s'étudiant, pour se connaître et se persuader ; en pratiquant l'échange de leurs idées et de leurs procédés, pour s'éclairer et s'apprécier ; et en associant leurs intérêts, pour s'aider et s'estimer. Ces moyens sont basés sur l'étude de l'homme et des sociétés et sont les mêmes qui, malgré tous les obstacles, ont fait progresser l'humanité ; ils sont conformes au génie de la France et à sa mission traditionnelle dans le monde, et nous croyons fermement que le gouvernement de la République trouvera honneur et profit à en seconder l'application.

LE TRANS-SAHARIEN

Nous ne reproduirons pas ici l'étude commerciale complète que notre premier projet contenait ; elle avait sa raison d'être dans ce projet que nous adressions à la Commission supérieure d'étude du Trans-Saharien, mais cette Commission en ayant été dessaisie parce qu'il soulevait des questions gouvernementales hors de sa compétence et qu'il devait, pour ce motif, être soumis directement au Gouvernement, nous pouvons sans inconvénient limiter ici nos critiques aux points principaux qui rentrent dans le cadre des idées que nous exposons.

Dans le récit du voyage parlementaire en Algérie, publié récemment sous ce titre *A travers l'Algérie*, par M. Paul Bourde, qui paraît connaître parfaitement les idées qui ont présidé à la conception du chemin de fer trans-saharien, dont il est, lui-même, un partisan convaincu, nous lisons, page 358, que la Commission supérieure d'études, « considérant le projet comme adopté « en principe, s'est uniquement occupée des moyens de le mettre à exécution. » Nous ferons le contraire et , considérant les questions d'exécution comme résolues, — quoique le manque d'eau sur d'immenses espaces et l'enlisement probable des voies par les sables soient des difficultés qu'on ne surmontera pas aisément ; — nous ne nous occuperons que de l'utilité commerciale et de l'avenir du chemin de fer projeté.

La longueur du Trans-Saharien dépendra du choix de son point de départ qui n'est pas encore fixé ; mais comme le relevé du terrain jusqu'au Touat n'a pas encore été fait, pas plus que celui du grand désert, entre le Touat et Tombouctou, et que nous ne pouvons connaître les déviations que les difficultés du sol imposeront au tracé, nous ne risquons pas de faire erreur en adoptant le plus long parcours mesuré sur la carte, soit 3,000 kilomètres, dont 1,650 de Philippeville à Aïn-Salah et 1,350 de ce dernier point à Tombouctou.

On évalue la dépense d'établissement à 400 millions ? Nous ne discutons pas ce chiffre, quoique le chemin de fer du Pacifique, pour une longueur de 2,600 kilomètres, ait coûté 500 millions, et qu'en Amérique, le bois pour les traverser et l'eau soient abondants, tandis qu'ils font absolument défaut sur la plus grande partie du parcours du Trans Saharien.

Les dépenses de cette ligne seront approximativement, par année :

Intérêt 5 0/0 et amortissement en 90 ans des 400 millions 20.161.000

Entretien, alimentation d'eau, frais d'exploitation et généraux, traction (qui sera fort coûteuse, le combustible manquant partout et devant être transporté aux points utiles), au moins 6,000 francs par kilomètre, et pour 3,000 . . . . 18.000.000

Dépenses d'une évaluation impossible :

1° Déprédations et destructions partielles par les maraudeurs ou les gens des caravanes dont le chemin ruinera l'industrie. . . . . *mémoire*.

2° Garde de la ligne, expéditions pour châtier les maraudeurs, etc. . . . . d°

Total minimum 38.161.000

Le trafic actuel de tout le littoral méditerranéen avec les États du Soudan, ne dépasse pas 7 à 8 millions, ce qui ne doit pas représenter plus de 4 à 6,000 tonnes : admettons qu'il y en ait 10,000, c'est un chiffre insignifiant qui ne peut justifier la construction d'une ligne de 400 millions, traversant des pays déserts et sans eau ; dont tout le trafic doit venir de son point le plus éloigné et de contrées où les cultures sont limitées auxbesoins locaux et sur lesquelles on ne possède que des renseignements insuffisants fournis par quelques rares voyageurs dont les observations n'ont pas été contrôlées.

Quels sont donc les produits du Soudan que l'on pourrait exporter, en admettant que les indigènes consentent à en entreprendre la culture en grande échelle ? Le coût du transport nous l'indiquera.

Tous les produits du Soudan sont les mêmes que ceux que l'on peut se procurer dans les deux Amérique, en Asie et tout autour de l'Afrique; mais on n'en connaît pas bien exactement les qualités, et il est presque certain que, pendant un temps plus ou moins long, ils n'atteindront pas les mêmes prix que leurs similaires, sur nos marchés, où ils ne sont pas encore classés et aussi parce qu'ils seront souvent, comme il arrive toujours dans les pays neufs, mal nettoyés et mal conditionnés pour la vente. Mais admettons qu'ils soient payés le même prix.

Ces prix de vente sont variables et montent ou baissent sous l'influence de deux causes : l'importance de l'approvisionnement et les besoins de la consommation ; une importation venant de contrées nouvelles augmentera les quantités disponibles et ne pourra, par conséquent, que peser sur les cours et les faire baisser. Il faut donc voir si, en défalquant des prix de vente moyens, les frais que la marchandise doit supporter pour arriver sur le marché, il reste une somme suffisante pour l'achat au producteur et pour le bénéfice du négociant.

Un parcours de 3,000 kilomètres imposera nécessairement une charge fort lourde aux produits échangés ; quel sera le coût de la tonne kilométrique sur ce chemin ? Avec la différence de valeur des articles d'échange, augmentée encore par les charges de leur transport, un train plein venant du Soudan, ne donnera lieu qu'à un chargement de 5 0/0 de son poids dans l'autre sens, c'est-à-dire, que la charge pour le voyage complet d'un train, aller et retour, équivaudra à 105 0/0 et le vide ou poids mort à transporter, à 95 0/0. Si le tarif est établi trop bas, l'État devra parfaire la différence entre les recettes et les dépenses, ce qui peut créer une charge for lourde pour le Trésor ; et s'il est trop élevé, les produits du Soudan ne pourront plus s'exporter. Avec un coût de traction presque doublé, il nous semble difficile qu'on puisse adopter un tarif inférieur à 0,10 la tonne kilométrique ; mais en supposant qu'on l'abaisse à 0,05, les frais d'une tonne de produits lourds de Tombouctou en France seraient, à très peu près, les suivants :

Chemin de fer 3,000 k^m × 0.05.	150 »
Chargement et déchargement des wagons. .	2 »
Mise à bord.	1 50
Fret moyen pour la France.	20 »
Assurance, 1/4 0/0 sur 300 francs	» 75
Déchargement à l'arrivée et magasinage. . .	10 »
Frais généraux, 8 0/0 sur 300 francs. . . .	24 »
Terme de vente ou escompte, 3 0/0 sur 300 fr.	9 »
Total minimum. . .	217 25

Frais variables, selon l'éloignement, pour amener le produit à la gare, dans un pays sans routes où tous les transports se font à dos d'animaux, minimum : 5 chameaux pour 1 tonne, à 3 fr., conducteur compris. 15 »

Ensemble. . . . 232 25

Nous avons vu au tableau des exportations de nos colonies en France, que les prix moyens des produits entrés étaient de 323 95 pour les graines oléagineuses, et de 287 47 pour les arachides ; celui des grains et leurs farines est de 261 36, la tonne de 1,000 kilog.

Si de ces prix, nous retranchons les frais ci-dessus, il resterait seulement :

Sur les graines oléag. . . 323 95 — 232 25 = 91 70 pour le cultiv. et le bén. du nég.
Sur les arachides. . . . . 287 47 — 232 25 = 55 22   —   —
Sur les grains et leurs far. 261 36 — 232 25 = 29 11   —   —

D'où il ressort que ces articles ne sont pas exportables par le Trans-Saharien, même avec un tarif à 0.05 la tonne kilométrique et, à plus forte raison, si, comme nous le croyons, ce tarif devait être porté au prix minimum de 0.10. Or ce sont les seuls produits du Soudan qui pourraient fournir un tonnage important à la ligne ferrée.

Il ne faut pas songer aux minerais non plus, ils ne pourraient supporter de telles charges ; et puis, on n'exploite pas les mines dans le Soudan. L'or seul serait exportable, mais on n'en produit que de faibles quantités extraites par le lavage des sables aurifères ; le gisement le plus rapproché, celui du Bouré, est à 1200 kilomètres de Tombouctou et les indigènes ne l'exploitent que pour satisfaire à leurs besoins de l'année, sur l'ordre de leurs chefs et pendant quelques jours seulement, en dehors desquels l'extradition est interdite. Il n'y pas de trafic à attendre de ce côté.

Le café n'est pas encore cultivé dans le bassin du Niger, ni dans le Haoussa ; on n'en rencontre qu'auprès du Sénégal, dans le Fouta-Djallon et sur la côte au sud. L'indigo du Soudan n'est connu que dans les États du nord de l'Afrique ; il n'en a pas encore été importé en Europe et on ignore s'il possède les qualités et les apparences marchandes exigées par le commerce ; en tous cas, la consommation générale de la France variant de 1,500 à 2,000 tonnes, ce qu'on pourrait en exporter serait peu important.

Reste le coton ; mais il faudrait que les indigènes se décidassent à le produire en grande échelle et ce serait fort difficile à obtenir d'eux. Les hommes libres ne travaillent pas en Afrique, il n'y a que les esclaves et les femmes, mais ces derniers ne peuvent fournir un travail sérieux et continu, ils n'y sont pas habitués et ils sont trop mal nourris pour soutenir un effort de quelque durée ; en admettant qu'on les y contraigne, ou ils produiraient fort peu, ce qui élèverait le prix d'acquisition, ou ils seraient décimés par la maladie, et les maîtres renonceraient bientôt à un système qui les ruinerait au lieu de les enrichir. Pour obtenir un travail sérieux des noirs, il faut leur donner une alimentation substantielle et réparatrice ; ils l'ignorent et ne pourraient même se la procurer dans l'état actuel ; il n'y a que les Européens qui puissent le leur enseigner et leur apprendre à produire de la viande de boucherie en quantité suffisante pour qu'elle devienne la base de leur nourriture. Pour que le coton donnât lieu à un tonnage important, il faudrait encore procurer aux indigènes des machines pour le nettoyer, car par les moyens ordinaires dont ils se servent, une femme ne peut pas faire plus de 4 à 5 kilogrammes par jour de coton net, ce qui, pour seulement 20,000 tonnes, exigerait 4 millions à 4,800,000 journées ; et le nombre de jours de travail de l'année n'étant que de 240 à 250 au plus, il faudrait 19 à 20,000 femmes occupées uniquement à ce travail ; on n'y arriverait pas de longtemps.

Quant aux voyageurs, leur nombre serait insignifiant et il est inutile d'en parler, pas plus que des articles des caravanes : ivoire, plumes, poudre d'or et produits de l'industrie indigène dont nous n'avons pas l'emploi en Europe. C'est un tonnage trop minime.

Le Trans-Saharien ne peut donc rencontrer d'éléments de trafic dans les États du Soudan, et ses recettes probables étant à peu près nulles, ses dépenses ne pourraient être couvertes et resteraient à la charge du budget de l'État.

En admettant même que le prix d'achat soit assez bas pour permettre l'exportation des produits de ces contrées par la ligne projetée, il en résulterait que plus ce prix serait faible, moins il faudrait de nos articles fabriqués pour le couvrir ; or, d'après la valeur connue de ces derniers, ils ne pourraient entrer que pour 8 à 10 0/0 au plus, dans le mouvement général des échanges, de sorte que, s'ils atteignaient 10 0/0, il nous faudrait exporter pour 100 millions, valeur d'Europe, de produits du Soudan, pour procurer seulement une exportation de 10 millions à nos industries. Un si faible résultat pourrait-il justifier la construction d'une ligne devant coûter 400 millions, l'occupation militaire d'une contrée plus grande que la France, au risque de nous affaiblir et de nous créer les plus grands embarras s'il survenait des complications politiques en Europe?

Ce chemin de fer ne pouvant nous procurer les produits du centre de l'Afrique à meilleur compte, ni même aux prix de leurs similaires des autres contrées productrices, et ne pouvant pas fournir non plus de débouchés sérieux à nos industries, n'est pas utile et ne doit pas être entrepris. Cette conclusion sera certainement celle que la Commission supérieure du Trans-Saharien adoptera lorsqu'elle étudiera ce côté du problème, car elle s'impose aux esprits réfléchis; si nous pouvons la formuler avant elle, c'est que, depuis sept ans, ces questions ont été l'unique objet de nos travaux.

On a cité, pour justifier ce projet, l'exemple des Américains qui n'ont pas hésité à construire, à travers le Far-West, le chemin de fer de New-York à San-Francisco, dont la longueur est de 5,614 kilomètres ; mais les conditions ne sont pas les mêmes. Les terres que cette ligne traverse sont cultivables, à peu d'exceptions près, tandis que le Sahara ne l'est pas. Ensuite, les États-Unis reçoivent tous les ans 300 à 400,000 émigrants, dans toute la force de l'âge, qui viennent pour cultiver et qui, répartis sur le parcours de la voie ferrée, défrichent et lui fournissent promptement le tonnage nécessaire pour la faire vivre. Où trouverions-nous des émigrants pour peupler seulement les stations du Trans-Saharien ? Après cinquante ans de possession nous n'avons encore que 157,000 français en Algérie, où il en faudrait au moins 3 millions; il en irait encore bien moins dans ces contrées éloignées, peu sûres, et soumises au régime militaire qui n'est pas fait pour les attirer. L'exemple est mal choisi; il n'y a aucune comparaison possible entre le Trans-Continental américain et le Trans-Saharien projeté.

L'idée du Trans-Saharien ne doit pas être complètement abandonnée cependant, elle peut avoir son heure ; les positions que nous occupons en Algérie et au Sénégal nous offrent des ressources précieuses pour absorber un jour les territoires compris entre ces deux colonies, si nous y employons les moyens convenables; mais, du côté de l'Algérie, l'œuvre ne pourra s'accomplir que lentement et pas à pas ; en creusant des puits nombreux pour fertiliser le désert, en reboisant les montagnes et en prolongeant successivement les lignes algériennes vers les centres de production renaissants. Plus tard, lorsque nous aurons établi solidement notre influence dans le bassin du Niger et dans les États du Haoussa, nous pourrons provoquer un exode des populations noires trop denses de l'intérieur vers ces contrées qu'on aura préparées pour les recevoir et le chemin de fer trans-saharien pourra alors s'accomplir avec les éléments de trafic qu'on aura fait naître sur son parcours.

La meilleure voie pour exploiter commercialement une contrée, est celle qui présente le plus d'économie pour les transports, et cette voie nous la possédons : c'est par le Sénégal que nous pouvons le mieux exploiter l'intérieur de l'Afrique, sans dépenses exagérées ou improductives et avec la perspective de résultats immédiats et progressifs certains.

LES CHEMINS DE FER DU SÉNÉGAL

Ce projet est dû à la même pensée qui a inspiré celui du Trans-Saharien, dont il est le complément ; tous deux sont conçus pour seconder l'occupation militaire des territoires compris entre nos deux colonies du Sénégal et de l'Algérie.

Au point de vue commercial, la construction de chemins de fer au Sénégal, dans l'état actuel de cette colonie, est une entreprise prématurée. Elle serait nuisible aux intérêts français, et imposerait une lourde charge au Trésor public, pendant un temps dont on ne peut prévoir la durée. Quant à la ligne de Médine au Niger, son exécution nous exposerait à de sérieux dangers et compromettrait l'avenir de nos industries dans cette partie de l'Afrique.

Le projet comprend trois lignes distinctes : 1° de Dakar à Saint-Louis ; 2° de Saint-Louis à Médine ; 3° de Médine au Niger.

Pour justifier l'utilité de la première, on dit qu'elle offrira un grand avantage aux navires, en leur évitant la perte de temps que leur fait subir la barre du fleuve Sénégal, qui est souvent infranchissable pendant plusieurs jours consécutifs. Examinons cet argument.

Si les arachides et les gommes, les seuls produits importants du Sénégal, se trouvaient rendus au port de Dakar lorsque le navire y aborderait, il pourrait charger aussitôt et repartir, et réaliserait ainsi une économie sur ses dépenses ; mais à la condition, toutefois, que le parcours sur chemins de fer ne dépassât pas certaines limites, car si le coût du transport excédait le chiffre de l'économie, il y aurait perte. Mais si le navire doit attendre un certain temps au port, ce qui sera le cas le plus fréquent, et si son capitaine, qui, habituellement traite ses achats lui-même avec les indigènes, doit prendre le chemin de fer pour se rendre sur les marchés de traite du fleuve, il n'y aura plus d'économie du tout et le navire devra préférer remonter le fleuve pour ne pas augmenter le coût des produits et éviter les pertes et les avaries que les transbordements répétés occasionnent toujours.

En admettant qu'un steamer doive attendre dix jours pour entrer dans le fleuve et autant pour en sortir, ce qui est beaucoup pour un navire à vapeur, il perdra seulement 20 jours de solde et de nourriture de son équipage. Or, pour un steamer de 2,000 tonneaux, les dépenses seraient, par mois :

Solde.		Nourriture.	
1 capitaine-commandant	500 fr.		
1 id. en second	230 »	4 officiers à 90 fr.	360 fr.
1 lieutenant	150 »		
1 mécanicien en chef	350 »		
1 id. en 2e	200 »	3 sous-officiers à 75 fr.	225 »
1 id. en 3e	150 »		
1 maître d'équipage	90 »		
8 matelots, dont un charpentier, à 65 fr.	520 »	10 matelots à 55 fr.	550 »
2 mousses à 30 fr.	60 »		
6 chauffeurs à 85 fr.	510 »	8 chauffeurs à 60 fr.	480 »
2 soutiers à 60 fr.	120 »		
1 cuisinier	100 »	2 cambusiers à 60 fr.	120 »
1 aide de cuisine	25 »		
supplément au charpentier	15 »		
Total de la solde	3.040 «	de nourriture	1.735 »

Ensemble. . . 4.775 fr. par mois.

Soit par jour $\dfrac{4.775 \text{ »}}{30} = 159.17$; et par tonneau $\dfrac{159.17}{2.000} = 0.079585$.

Dépense des 20 jours pour 1 tonneau : $0.079585 \times 20 = 1.5917$.

Les chemins de fer au Sénégal seraient dans des conditions un peu meilleures que le Trans-Saharien au point de vue de la composition du chargement ; mais la différence des valeurs et des poids des produits échangés reste encore assez grande pour qu'un train chargé en produits du pays ne donne lieu, dans l'autre sens, qu'à une charge de 15 à 20 % au plus, de son propre poids. Pourrait-on, avec 120 % de charge et 80 % de vide au voyage complet, aller et retour, établir un tarif kilométrique inférieur à 0 fr. 10 la tonne ? Nous ne le croyons pas ; mais en admettant le prix à 0 fr. 05, le coût du transport d'une tonne de Saint-Louis à Dakar, soit, sur 260 kilomètres, s'élèverait à 13 francs, d'où le résultat suivant pour un voyage :

Coût d'une tonne par le chemin de fer. . . . . . . Fr.	13	»
Dépense de 20 jours d'attente pour une tonne.	1.5917	
Perte par tonne pour le navire =	11.4083 et pour 2,000 = 22,816. 60	

Et cette différence est un minimum, car on ne perdrait pas vingt jours à chaque voyage, et sur beaucoup de steamers, le lieutenant et le 3ᵉ mécanicien n'existent pas, ce qui diminue le chiffre des dépenses. De plus, nous ne comptons pas le transport des articles destinés à servir de monnaie d'échange sur les marchés de traite que le steamer n'y porterait plus.

Pour un navire à voiles de faible tonnage, la différence serait moins forte, mais elle serait encore assez importante pour qu'il ait un intérêt sérieux à préférer le retard de la barre aux services du chemin de fer.

Les frais d'équipage d'un navire à voiles de 300 tonneaux seraient au maximum par mois :

Solde.			Nourriture.	
1 capitaine.	400 fr.		2 officiers à 90 fr.	180 fr.
1 second.	200	»	1 sous officier.	75 »
1 maître d'équipage.	100	»		
4 matelots de 1ʳᵉ cl. dont 1 charpentier à 65 fr.	260	»		
3 il. de 2ᵉ à 55 fr.	165	»		
2 novices à 30 fr.	60	»	11 matelots à 55 fr.	605 »
1 mousse.	20	»		
1 cuisinier.	100	»		
supplément au charpentier	15	»		
Total de la solde.	1.320	»	nourriture.	800 »
Ensemble.	2.180 fr. par mois et 7.27 par tonneau.			

Le coût du tonneau par chemin de fer, avec tarif à 0 fr. 05 la tonne kilométrique étant de 13 francs, les 300 tonneaux coûteraient 3,900 francs ; pour compenser cette dépense, il faudrait que le navire perdit cinquante-trois à cinquante-quatre jours pour franchir la barre, et il resterait encore le voyage du capitaine pour se rendre aux marchés de traite dont nous ne pouvons évaluer les dépenses, ni le temps ; plus, le coût du transport des articles importés pour faire l'échange.

Ce chemin ne peut donc rendre aucun service à la navigation et ne peut lutter avec elle, pour le transport des produits du Sénégal qui tous, jusqu'à ce jour, ont été entièrement absorbés par elle ; sa construction n'est donc pas nécessaire et n'est pas utile.

Il en est de même de la ligne de Saint-Louis à Médine, dont le tracé est parallèle au cours du fleuve Sénégal. Pour que le steamer de 2,000 tonneaux pût utiliser la ligne, il faudrait que le coût de la tonne soit, au plus, équivalant à ce qu'elle lui coûterait pendant les vingt jours de porte que nous lui supposons du fait de la barre, soit 1 fr. 59 ; ce qui ne permettrait qu'un parcours de 32 kilomètres sur voie ferrée, au tarif de 0 fr. 05 et sans frais de chargement et de déchargement des wagons. Ce parcours pourrait être de 100 kilomètres pour le navire à voiles. C'est trop peu comme on le voit, pour permettre d'exploiter une ligne qui mesure une longueur de 580 kilomètres ; elle ne pourrait pas couvrir ses dépenses, et cette impossibilité serait plus apparente encore, si nous nous étions servi du tarif à 0 fr. 10 la tonne kilométrique, que nous croyons le plus grand minimum possible dans les conditions du trafic de ces chemins de fer.

Le tracé de cette ligne la mettant en concurrence complète avec la route d'eau dans une contrée uniquement agricole, elle ne pourrait avoir d'utilité que pendant la saison sèche, alors que le Sénégal ne peut plus être remonté que jusqu'à Podor ; mais pour cela encore, il faudrait qu'il existât d'autres éléments de trafic que l'arachide, qui ne peut être conservée en magasin, parce qu'elle perd de son poids, et que les milliers d'animaux et d'insectes, qui pullulent dans la colonie, en détruiraient une trop grande quantité. Il faudrait que les cultures se portassent sur d'autres articles tels que : le coton, le tabac, le café, le cacao, le sucre, que la colonie ne fournit pas encore à l'exportation ; mais, pour entreprendre ces cultures nouvelles sur une grande échelle, comme ce serait nécessaire, les éléments font complètement défaut actuellement et le chemin de fer est impossible tant qu'on ne les possédera pas.

Ces chemins de fer devant être construits avec une garantie d'intérêt par l'État et leurs recettes probables ne pouvant être que fort minimes, la charge éventuelle que le Trésor devrait supporter serait fort lourde, ainsi qu'on peut s'en rendre compte par le chiffre des dépenses que nous évaluons comme suit :

Le coût de construction est celui que le projet de la marine indique et nous supposons que les frais d'exploitation ne dépasseront pas 5,000 francs par kilomètre.

Coût d'établissement.	Exploitation, intérêt et amortissement.	Dépenses.	
		annuelles.	par kilomètre.
1° De Dakar à St-Louis. Devis. 16.234.400 fr.	260 kilom. ✕ 5.000 fr. = 1.300.000 fr.		
Imprévu. 2.226.300 »			
Ensemble. 18.460.700 »	Intér. et amort. à 5.04 °/₀ = 930.465 »		
2° de St-Louis à Médine. Devis. 41.644.000 »	580 kilom. ✕ 5.000 fr. = 2.900,000 »	2.230.465 fr.	8.578 fr.
Imprévu. 5.711.500 »			
Ensemble. 47.355.500) »	Intér. et amort. à 5.04 °/₀ = 2.386.835 »		
		5.286.835 »	9.115 »
	Total annuellement	7.517.300 »	
	Et en y ajoutant la ligne à construire par l'État :		
3° De Médine au Niger. Devis	520 kilom. ✕ 5.000. » = 2.600.000 fr.		
complet . . . . 53.183.800. »	Intér. et amort. à 4 °/° = 2.127.352 »		
		4.727.352 fr.	9.091 »
Non compris les dépenses des 6 postes fortifiés et de leur garnison.	Total général. . .	12.244.652 »	

Si l'on considère les éléments de développement et de progrès que possède actuellement la colonie, il est absolument impossible de prévoir l'époque à laquelle ces chemins de fer pourraient couvrir leurs dépenses.

Quant à la dernière ligne, de Médine au Niger, elle n'a aucune utilité commerciale et nous ne croyons pas qu'elle puisse de très longtemps en acquérir une avec les moyens dont le Gouvernement peut disposer.

En 1866, M. Mage a obtenu un traité de commerce du sultan de Segou, qui autorise nos nationaux à venir trafiquer dans ses États moyennant l'acquit d'un droit d'entrée de 10 0/0 sur les marchandises qu'ils y importeront. Le recouvrement de cette taxe devait s'effectuer à Médine, où nous avons un poste, et on doit y être renseigné sur l'importance du mouvement commercial que ce traité a pu déterminer. Nous ne croyons pas que son chiffre puisse servir de justification à la construction du chemin de fer. Quelques traitants indigènes, au service des maisons de la côte, se rendent seuls dans ces contrées et y traitent les mêmes articles que les caravanes : ivoire, poudre d'or, plumes et un peu de poivre ; quant à nos nationaux, pas un n'est encore allé à Ségou, que nous sachions et pas un seul Français n'a encore fixé sa résidence dans ces contrées, pas plus, du reste, que dans le haut Sénégal. Quand elles auront été constituées en territoires militaires, les colons se décideront-ils à venir ? L'expérience que nous possédons sur cette question ne peut nous permettre aucune illusion. Quelques individus aventureux pourront y tenter des excursions pour y chercher une fortune rapide comme il s'en fait dans les pays nouveaux ; mais ils ne s'y fixeront pas et n'y séjourneront que le moins possible. Avec le régime militaire et le climat qui éprouve les constitutions les plus robustes, la colonisation blanche ne se produira pas, et cet élément indispensable pour faire pénétrer la civilisation dans ces milieux arriérés faisant défaut ; les changements fréquents, inévitables de nos chefs militaires venant en outre modifier incessamment notre action politique, nous ne pourrons faire faire aucun progrès aux populations indigènes,

Nous serons amenés, pour éviter les conflits et pour assurer une sécurité relative aux trafiquants à conclure des traités d'amitié et de protectorat avec les chefs indigènes ; mais comme nous ne pouvons, sans le concours d'une armée nombreuse, nous emparer de ces pays complètement et les administrer selon nos principes, nous devrons reconnaître la légalité de l'esclavage et probablement, comme nous l'avons vu par une interpellation récente au Sénat, nous obliger à restituer à leurs maîtres, les esclaves fugitifs qui viendraient chercher la liberté sous la protection de notre drapeau. Au lieu de l'abolir, nous consacrerions cette odieuse institution et nous la rendrions plus nécessaire encore et peut-être plus cruelle aussi, si nous réussissions à donner une grande impulsion aux cultures indigènes, en rendant son exploitation lucrative et en fournissant ainsi, aux maîtres, un moyen nouveau de s'enrichir sans travailler. L'exécution de ce projet est-elle possible ?

Il n'y a pas de monnaie légale dans les États du Soudan ; toutes les opérations commerciales se traitent par l'échange d'un produit contre un autre et nos monnaies n'y seraient acceptées qu'au nombre ou au poids, et, comme la valeur des métaux précieux est inférieure à celle que nous leur attribuons, le change serait contre nous ; l'exploitation d'un chemin de fer serait fort difficile dans de pareils milieux, à moins que l'administration ne fasse elle-même le commerce ; mais l'État qui doit construire ce chemin ne peut se faire commerçant.

Quels sont les produits à transporter ? Des graines oléagineuses, des arachides, comme au Sénégal, et peut-être un peu de coton, dit-on ? C'est tout. S'il existe d'autres produits, ils ne sont pas cultivés en grande échelle et on ne sait s'ils peuvent l'être par les indigènes. Ceux-ci ne sont aptes à entreprendre que des cultures simples n'exigeant pas d'autre travail que la plantation et la récolte ; ils sont impropres à faire de grandes plantations et à cultiver seuls : le coton, le café, le cacao, et autres produits qui exigent des soins et des préparations particulières ; il faudrait qu'ils fussent enseignés et dirigés par des blancs pour y réussir. Si nous ne pouvons trouver que des graines et des fruits oléagineux, nous n'avons pas besoin d'aller en chercher au Niger, le Sénégal peut nous en fournir autant que nous en voudrons ; nous ne les payerons pas meilleur marché, car les indigènes savent ou sauraient bien vite les cours ordinaires des marchés de traite du fleuve et exigeraient le même prix. Les distances, pas plus que le temps, n'ont de valeur pour eux, ils ne se rendent pas compte de l'influence du transport sur les prix, c'est un fait que tout le monde connait en Afrique ; s'ils devaient vendre moins cher, ils préféreraient faire eux-mêmes le transport de leurs produits. Ils ne se serviraient pas du chemin de fer parce qu'il diminuerait leur gain.

Et puis, quelle serait l'importance du mouvement commercial déterminé par cette ligne ferrée ? Nulle, d'après ce qui précède ; mais supposons qu'il puisse atteindre au bout de quelques années, un chiffre de 20 millions. A 15 0/0 pour payer l'échange aux indigènes, cela ne nous procurerait que 3 millions d'importations de produits fabriqués, et si les choses restent en l'état, les produits étrangers entrant dans l'importation générale de la colonie pour 75 0/0, le débouché nouveau pour nos industries serait seulement de 750,000 francs. Est-il bien nécessaire de faire un chemin de fer de 55 millions pour obtenir un tel résultat ?

Pour pénétrer dans l'intérieur de l'Afrique, la France devra certainement s'imposer quelques dépenses ; mais il faut au moins qu'elles profitent aux intérêts généraux du pays. Or, les chemins de fer du Sénégal auraient pour conséquence de généraliser et d'étendre l'invasion des produits étrangers dans la colonie au détriment des nôtres, et celui du Niger, d'exclure nos propres produits des marchés intérieurs de l'Afrique, en introduisant et en habituant les indigènes à ceux de nos concurrents étrangers.

Le nombre des Français au Sénégal ne dépasse pas 7 à 800, occupés comme employés, artisans ou tenant des commerces de détail ; tout le grand commerce est aux mains d'une vingtaine de maisons, tout au plus, qui seules seraient en mesure de profiter des avantages de ces voies ferrées. Le rôle que jouent ces maisons dans les échanges est celui des intermédiaires ordinaires : elles achètent au plus bas prix et revendent au plus haut qu'elles peuvent, et elles transportent les produits des lieux de production au marché de vente ; elles n'ont pas d'autre raison d'être, pas d'autre objectif que la satisfaction de leurs intérêts particuliers, ce que, du reste, la préférence qu'elles donnent aux articles étrangers, suffit à démontrer. La construction des chemins de fer du Sénégal et du Niger, ne servirait donc qu'à accroître l'écoulement des articles de nos concurrents étrangers et à procurer à un petit nombre de citoyens les moyens de s'enrichir plus promptement par la facilité qu'ils auraient d'exploiter, les premiers, une contrée neuve ; non seulement nos intérêts nationaux n'en tireraient aucun profit, mais ils seraient, au contraire, complétement sacrifiés dans le présent et peut-être irrémédiablement compromis dans l'avenir. Ce projet ne peut être exécuté.

Avant de faire des chemins de fer dans ces pays enfants, où tout est à faire, à créer, à organiser, il faut d'abord leur procurer les instruments qui peuvent les développer ; c'est-à-dire la colonisation, l'instruction et la direction des blancs. Notre projet a pour but de réaliser cette œuvre utile, et de donner à tous les intérêts légitimes de la colonie, une satisfaction immédiate en leur assurant, pour l'avenir, la certitude d'atteindre aux plus grands développements ; son exécution est d'intérêt public.

ESCLAVAGE — ÉTAT SOCIAL DES NOIRS

Pour mettre fin à l'odieux trafic des noirs, la force matérielle ne suffit pas ; son emploi peut gêner l'écoulement, restreindre le mal sur les points occupés, mais non le supprimer. C'est sur le moral des peuples qui s'y livrent qu'il faut agir pour les amener à renoncer à leurs barbares coutumes, en les prenant par l'intérêt et surtout en leur fournissant les moyens de s'en passer pour satisfaire leurs besoins, ou même seulement leurs caprices.

Il y a deux sortes d'esclavage en Afrique : l'esclavage domestique, qui a de grandes analogies avec l'ancien servage que tous les peuples de l'Europe ont subi et qui, tout récemment encore, existait en Russie ; et l'esclavage auquel on réduit les hommes pris à la guerre, les gens volés et ceux que le chef désigne pour les punir d'un méfait quelconque, ou simplement pour en tirer profit.

Le premier fait partie de la constitution sociale du pays ; il est, du reste, très supportable en général et parfaitement accepté de ceux qui y sont assujettis. Ils le défendraient même s'il était attaqué, car les noirs ne sont pas en état de comprendre nos idées sur la liberté, et si, par hasard, on les faisait libres, leur premier acte serait assurément d'aller bien vite s'offrir à un nouveau maître. Il n'y a donc rien à faire de ce côté, quant à présent, et il serait même fort dangereux d'essayer quoi que ce soit contre cette institution.

Mais il n'en est pas de même pour le second, qui est le prétexte de cruautés inouïes et du massacre de populations entières ; c'est le fléau de cet admirable continent sur lequel la civilisation ne peut avoir aucune prise tant qu'il subsistera. Le supprimer est une grande et généreuse entreprise, bien faite pour séduire une nation comme la nôtre ; mais, pour qu'elle réussisse, il faut employer les moyens que nous allons exposer en les appropriant suivant les circonstances et les milieux qui se rencontreront sur les points choisis pour attaquer le mal ; c'est, du moins, notre profonde conviction.

Depuis trois cents ans, les comptoirs européens se sont multipliés tout autour de l'Afrique et ont accru constamment le chiffre de leurs échanges ; mais ils n'ont exercé aucune influence appréciable sur sa civilisation qui, à l'heure présente, est fort peu différente de l'état où ils l'ont trouvée. Les populations, au milieu desquelles ils se sont établis, se sont un peu adoucies, sans doute ; mais elles n'ont pas été pénétrées, et l'antagonisme des deux rangs subsiste toujours.

Diverses causes ont contribué à produire ce résultat négatif : D'abord la traite qui, pendant trop longtemps, a été l'unique trafic de ces comptoirs ; puis la cupidité des trafiquants. Mais c'est surtout à la sottise et à l'orgueil des hommes qu'il faut en attribuer la cause fondamentale.

Orgueil des blancs, qui, infatués de leur prétendue supériorité, trop souvent, hélas ! uniquement justifiée par la couleur de leur peau, considéraient la race noire comme tenant plus du bétail que de l'homme, créée pour leurs besoins comme le bœuf et le cheval et qu'ils appropriaient, en conséquence, aux mêmes usages.

Orgueil des noirs, si toutefois l'on peut employer ce mot pour exprimer ce sentiment naturel que l'on observe chez tous les ignorants, à quelque race qu'ils appartiennent ; qui s'exalte quand on exige de l'homme des choses qu'il ne comprend pas, et qui prend le nom d'entêtement dans les circonstances ordinaires de la vie civilisée ; qui s'appelle sauvagerie quand il s'agit d'une population qui refuse d'obéir, et férocité lorsqu'elle se venge des sévices qu'on lui a infligés.

Les noirs sont bien excusables, car Dieu seul connaît les épouvantables traitements que les blancs ont fait subir à leur race, ou dont ils ont été la cause, depuis qu'ils ont posé le pied sur le sol africain. Les blancs sont sans excuse, et leur devoir est de réparer, autant que cela est possible, les maux que leur sottise, leur vanité et leur cupidité ont causés à l'espèce noire. Ils seraient impardonnables, aujourd'hui que leur intérêt les conduit à chercher de nouveaux débouchés pour leurs produits en Afrique, de ne pas résoudre le problème de la civilisation des noirs en y appliquant la méthode scientifique qui, par l'analyse des faits et des observations recueillies, leur indiquera des moyens sûrs pour le solutionner, et, s'ils négligeaient de le faire, leur œuvre serait éphémère et condamnée à disparaître dans un temps plus ou moins long.

L'abolition de la traite par mer a obligé les comptoirs à modifier leurs procédés de commerce, et, depuis, les tendances des deux races se sont un peu améliorées, mais elles laissent encore beaucoup trop à désirer.

Quant à l'intérieur, tout est à faire, et l'heure est venue où l'œuvre humanitaire peut être entreprise avec les meilleures chances de succès. Les populations qui s'y trouvent n'ont pas encore été en contact avec les traitants de la côte et leurs dispositions constatées sont en général très favorables ; les conditions sont donc bonnes pour réussir avec des moyens bien étudiés et bien appropriés.

C'est aux intrépides voyageurs qui ont sillonné en tous sens cet immense continent qu'appartient l'honneur de cette situation. Ils n'étaient pas compris d'abord, mais leur persévérance et leur abnégation ont fini par émouvoir ces natures épaisses ; ils ont éveillé des idées, donné la perception, un peu vague encore, d'un état social meilleur, dissipé beaucoup de défiances, et amené le désir de connaître. Il faut en profiter.

Le goût inné de ces populations pour les échanges a été constaté par tous les voyageurs ; mais elles n'ont pu le satisfaire, jusqu'ici, qu'avec les marchands maures ou arabes, et ceux-ci ont toujours eu une prédilection absolue pour la traite. Il leur fallait des porteurs pour transporter à la côte les produits qu'ils achetaient, et en vendant ensemble, à l'arrivée, les porteurs et la marchandise, le profit était bien plus grand. D'autre part, avec des routes longues et souvent dangereuses, une forte escorte était indispensable pour empêcher l'évasion des porteurs et défendre, au besoin, le convoi ; les charges ne pouvaient excéder un certain poids, et la difficulté de se ravitailler en route obligeant à transporter des vivres, contraignait à limiter les proportions de la caravane, de sorte que, le nombre des porteurs qu'on pouvait affecter aux marchandises était fort restreint. De là, la nécessité de choisir celles-ci et de n'exporter que des articles qui, sous un faible volume, représentaient une grande valeur commerciale à la côte, telles que : l'ivoire, les plumes, les parfums, la poudre d'or et quelques gommes.

Ce sont les seuls articles que l'on exporte encore aujourd'hui de l'intérieur de l'Afrique. Les trois derniers n'ont jamais eu grande importance ; c'est sur les premiers, auxquels il faut ajouter l'esclave, que le trafic s'est presque exclusivement exercé, ce qui permet de dire que la chasse à l'homme et aux animaux est la seule industrie pratiquée dans ces contrées, et que le commerce européen y ait encouragée. Pour réparer le mal, il faut supprimer la traite à l'intérieur et ramener ces peuples égarés au respect de la vie humaine, en leur en faisant connaître la valeur par le travail ; mais pour éteindre la traite, et rendre le nègre laborieux, il faut lui procurer l'équivalent du profit qu'il retire de la chasse à l'homme, et c'est uniquement dans le développement de l'agriculture qu'on peut le trouver.

MOYENS DE LES CIVILISER

La fécondité extraordinaire du sol africain permettrait de retrouver au centuple les profits de la traite ; mais tout est à créer, à organiser pour mettre les terres en valeur, et pour en exporter les produits. Il faut faire des routes, des tramways, puis des chemins de fer, et utiliser les routes d'eau naturelles qui, sur plusieurs points, sont admirables ; mais pour obtenir des résultats féconds et durables, pour donner une grande extension à l'agriculture, pour civiliser ces peuples enfants, il faut les mettre en tutelle, les enseigner, les diriger, les surveiller, et cette œuvre ne peut être entreprise avec succès que par une grande Compagnie, créée spécialement pour cet objet.

Nous n'avons pas d'exemple d'une situation semblable, si ce n'est celui de l'Amérique, lorsqu'elle reçut ses premiers colons ; l'enseignement qu'il nous fournit est concluant. Mises en contact, sans précautions, sans ménagements préalables et sans modérateurs des mauvais instincts et de la cupidité de l'homme, la civilisation et la barbarie n'ont pu se comprendre, la plus forte a refoulé l'autre, et le moment est proche où la race indigène aura disparu, non par absorption, mais par destruction, et c'est ce qui se reproduira infailliblement chaque fois que les mêmes circonstances se présenteront.

On ne peut concevoir la pensée de refouler et de détruire les 300 ou 400 millions de nègres qui occupent l'Afrique, ce serait insensé et, le pût-on, par qui les remplacerait-on ? Là où l'Européen peut se substituer à la race indigène, ce procédé égoïste et barbare peut réussir, mais dans la majeure partie de l'Afrique, l'homme de race blanche, est impropre aux travaux du sol ; il y peut apporter son intelligence, sa direction, ses capitaux, mais travailler au soleil, jamais ! La race noire étant indispensable, il faut donc employer des moyens plus humains ; il faut l'améliorer, l'instruire, l'éduquer, la rapprocher de nous, la pénétrer de nos idées, lui inculquer nos goûts, l'élever, en un mot, et la rendre sociable et utile au genre humain ; et si on ne le faisait pas, si on se bornait à ouvrir le pays par des chemins de fer, et qu'on le livrât à toutes les compétitions d'intérêts, à l'exploitation pure et simple des blancs, le conflit éclaterait infailliblement un jour, et comme les noirs sont les plus nombreux, ce sont eux qui refouleraient les blancs. On pourrait leur faire la guerre, mais dans une zone très limitée, et en sacrifiant un grand nombre d'hommes et d'énormes capitaux, sans obtenir de résultats appréciables; la civilisation subirait un échec terrible, et l'Afrique resterait à la barbarie pour un temps indéfini, jusqu'au jour où les peuples civilisés auraient enfin compris qu'avant de devenir des hommes utiles et sociables, les enfants de toute race doivent être instruits et dirigés, et que les noirs de l'Afrique exigent les mêmes soins, car ce sont des hommes-enfants.

L'enseignement des peuples se fait surtout par le contact, et plus les races confinent par l'habitation, les mœurs et les habitudes de l'esprit, plus leur affinité est grande, et plus ce contact est puissant et efficace. Plus aussi l'écart de leur degré de civilisation est grand, moins elles ont d'aptitudes pour se comprendre et se pénétrer, parce que la civilisation est une œuvre humaine, formée d'idées conventionnelles accumulées, que l'homme, tel que la nature l'a jeté dans le monde, ne peut s'assimiler qu'en passant par les mêmes évolutions sociales qui les ont produites, ou par une initiation qui exige, pour réussir, un maître dévoué, attentif et patient. C'est une loi naturelle, dont les effets peuvent s'observer jusque dans notre société civilisée, où elle se révèle par les différences qui séparent les diverses classes dont elle se compose, lesquelles, malgré la communauté de l'école, qui tend à les rapprocher, ne se supportent que parce que, entre les deux extrêmes, d'autres se trouvent interposées qui, par leur affinité réciproque, maintiennent l'harmonie. Mais si, — ce que l'on peut imaginer par la pensée, — on supprimait ces classes intermédiaires pour ne laisser en présence que la plus élevée et la plus basse, l'impossibilité de se comprendre et de vivre ensemble sans s'opprimer, éclaterait à tous les yeux.

Ce phénomène naturel est le même que celui qui se produit entre les races et démontre que, pour qu'elles puissent se supporter et se pénétrer, il est indispensable, — en Afrique surtout, dont le territoire éloigné et isolé s'oppose à un contact général et le limite à un petit nombre d'individus, — de remplacer l'action des classes intermédiaires et d'obtenir leurs effets bienfaisants, par des moyens bien choisis et bien étudiés pour faire naître l'affinité et maintenir le bon accord.

Le commerce est certainement un agent civilisateur de grande valeur; mais à la condition toutefois que le degré de civilisation des peuples qui font l'échange ne présente pas un trop grand écart ; autrement, il est incomplet. Il éveille seulement quelques intérêts, mais ne pénètre pas; la race inférieure trafique, mais ayant conscience de son infériorité native, elle reste défiante, soupçonneuse, elle a le pressentiment qu'on l'exploite et elle ne s'abandonne pas, ne se livre pas.

Les Arabes et les Maures, les Boërs, les Anglais et les missionnaires, sont les seuls qui aient réussi encore à s'implanter en Afrique. Les Arabes et les Maures, parce qu'ils sont polygames et esclavagistes ; les Boërs et, à leur suite, les Anglais, parce qu'ils ont créé des exploitations agricoles au moyen desquelles ils se sont associés à la vie des indigènes et ont formé des liens d'intérêts permanents avec eux, et qui, mettant en évidence, par l'exemple quotidien, leur supériorité intellectuelle et morale, la valeur de leurs procédés, de leur outillage, ont séduit les uns, imposé la tolérance aux autres et détruit ainsi la cohésion morale de la tribu, en divisant les esprits et en énervant sa force de résistance. Ils eussent réussi plus complètement encore, et surtout en moins de temps, s'ils n'avaient trop souvent employé la force, défendu des causes injustes et soutenu les prétentions de gens peu scrupuleux. Les missionnaires doivent leurs succès à ce qu'ils se montrent bons, serviables pour les indigènes, qu'ils les soignent dans leurs maladies, qu'ils les conseillent, les protègent souvent contre leurs chefs trop capricieux et qu'ils leur enseignent des procédés manuels nouveaux. La religion n'y entre pour rien ; nos conceptions religieuses dépassent leur intellect et quand on leur conseille de se faire monogames, ils font la sourde oreille. Ce sont les femmes qui font tous les travaux et plus ils en ont plus ils sont riches et puissants ; ce serait la ruine pour eux. Le but moral leur échappe et il n'a pas, du reste, la portée qu'on lui donne parmi nous, la famille indigène étant constituée d'une façon absolument différente. Dans presque toutes les tribus, l'homme achète ses femmes ; mais, à moins de stipulations expresses et d'un rachat anticipé, les enfants appartiennent à leur mère. L'homme peut renvoyer sa femme, mais celle-ci, alors, emmène ses enfants qui sont, pour sa famille, une augmentation de force et de prospérité, les biens et les produits étant mis en commun.

Ce sont les Boërs et les Anglais que nous devons imiter pour entreprendre la civilisation des noirs, en créant au milieu d'eux des exploitations agricoles en même temps que des comptoirs commerciaux et en y entretenant : des ingénieurs, pour explorer le pays et révéler les richesses de son sol ; des chefs de métiers pour les familiariser avec l'emploi de nos procédés et de notre outillage perfectionné, et leur en apprendre la valeur et l'utilité ; et, enfin, des médecins pour les soulager et les guérir dans leurs affections. Nous posséderons tout ce qui est nécessaire et pratique dans les moyens employés par nos devanciers et qui leur ont procuré le succès.

MOYENS D'ÉTEINDRE LA TRAITE

Si l'on employait la force pour s'opposer à la continuation de l'abominable trafic des noirs, on ne pourrait le supprimer, mais seulement le comprimer autour des points occupés, et comme les guerres n'en continueraient pas moins à ravager l'intérieur du pays, il arriverait infailliblement ceci : c'est que les chefs, voyant l'écoulement de leurs captifs s'arrêter ou seulement diminuer, ils les tueraient. Le principal objectif des guerres que se font ces tribus barbares est d'affaiblir l'ennemi en lui prenant le plus grand nombre possible d'individus ; si elles ne tuent pas leurs prisonniers immédiatement, c'est parce qu'elles ont l'espoir d'en tirer profit en les vendant, car elles ne peuvent songer à les conserver. Les garder, ce serait s'assujettir à une surveillance dont personne ne voudrait se charger ; il faudrait les nourrir et ils pourraient s'évader, ce qui détruirait les résultats de la guerre ; les faire travailler est impossible dans l'état actuel, la chasse étant la seule industrie qui rapporte et qui puisse, par son produit, compenser les frais de nourriture et de garde ; mais elle offre trop d'occasions de fuite pour qu'on y emploie jamais les captifs. Ce n'est que lorsqu'on aura pu développer l'agriculture et l'exportation de ses produits, qu'il sera possible d'amener les chefs indigènes à utiliser le travail de ces malheureux ; jusque-là, il convient de s'abstenir de toutes mesures coërcitives ou préventives, dont la conséquence inéluctable serait la mise à mort d'un grand nombre de ceux que l'on se proposerait de protéger. Déjà, l'on a pu constater que la répression énergique de la traite par mer avait eu pour résultat d'accroître, dans l'intérieur, la cruauté des vainqueurs ; on mutile horriblement les prisonniers et on les abandonne ensuite, alors qu'ils sont mis dans l'impossibilité de se protéger ou de se défendre, pour qu'ils périssent par la soif, la faim, ou qu'ils soient dévorés, encore vivants, par les carnassiers et les vautours. C'est un dilemme épouvantable auquel on ne peut échapper que par le moyen suivant, car il n'en existe pas d'autre :

C'est d'accepter la nécessité d'une période transitoire que nulle puissance humaine ne peut faire éluder et d'acheter nous-mêmes les captifs dans l'intérêt de l'humanité et pour en faire, en les transformant par l'éducation et le travail, des auxiliaires actifs et précieux pour nous aider à compléter l'œuvre de la civilisation de l'Afrique.

L'achat des noirs est une nécessité qui s'impose et contre laquelle on ne peut soulever aucune objection de valeur ; ce ne serait pas, du reste, la première fois qu'on se servirait du mal lui-même, pour arriver à sa suppression. L'esclavage étant une institution sociale qu'on ne peut abolir par la force, dans ces contrées, on ne pourrait y introduire les cultures et le commerce, car ce serait le consolider en le rendant plus lucratif, et jamais on n'obtiendrait sa suppression en procédant de la sorte. Les plus ardents des abolitionnistes, les Anglais, n'exploitent-ils pas de grandes plantations et des mines, au Brésil, au moyen d'esclaves qu'ils ne songent nullement à libérer tant que la loi locale leur permettra de les conserver? En achetant des noirs, nous ne ferons que nous conformer aux exigences du milieu social où nos établissements se trouveront placés et qu'il est nécessaire d'observer pour y être acceptés et tolérés ; nous ne pourrions nous procurer des travailleurs qu'en louant des esclaves à leurs maîtres, et il est infiniment préférable, moralement et pratiquement, de les acheter, parce que cela nous confère le droit de les diriger et de les traiter comme il nous convient, sans que les pouvoirs locaux aient rien à y voir. Ce dernier point a une importance considérable pour nous.

Le principe étant accepté, l'exécution du plan de régénération des noirs devient relativement facile et son succès est assuré.

Les noirs achetés seront déclarés libres en principe, mais assujettis à l'action régénératrice du travail et de l'éducation morale dans les établissements agricoles de la Compagnie, pendant un certain nombre d'années. Cette obligation du travail ne peut motiver aucune critique sérieuse, les nègres sont des hommes-enfants, ainsi que leur étude le démontre et le prouve à l'évidence; il faut donc les préparer à entrer dans la Société pour qu'ils s'y rendent utiles et en soient dignes, comme nous le faisons, dans le même but, pour nos enfants, en les assujettissant à l'école et à l'apprentissage pour les former.

La durée de cette période de travail obligatoire doit être assez longue pour soustraire le noir à l'attraction du pays natal, dont le souvenir est si puissant sur tout être humain. Trop courte, il voudrait retourner vers les siens et se ferait infailliblement reprendre ou tuer ; car, guidé par son seul instinct, il ne tiendrait aucun compte des changements qui se produisent d'une année à l'autre dans les tribus de l'Afrique ; il rencontrerait des territoires en guerre qu'il ne pourrait traverser, ne retrouverait plus ceux qu'il aurait laissés, soient qu'ils aient été pris comme lui ou tués, soient qu'ils se soient déplacés pour échapper à des voisins dangereux, et il offrirait ainsi une proie trop facile au premier malandrin qui voudrait le capturer. Nous estimons qu'il conviendrait de fixer à dix ans la durée de cette période, pendant laquelle le nègre serait traité comme un engagé. Il serait nourri, habillé, logé, et recevrait un salaire mensuel absolument comme les travailleurs de toutes les colonies : Coolis, Kroumen et autres, avec lesquels il se trouvera, du reste, souvent mêlé. A l'époque de sa libération, on lui donnerait des terres pour cultiver, on lui ferait l'avance des semences, des instruments, et on lui garantirait l'achat de ses produits. S'il refusait, il serait libre ; mais il posséderait alors une certaine culture d'esprit et des habitudes qui lui permettraient de se mieux défendre et qui le rendraient inoffensif pour la société civilisée.

Les résultats moraux qu'il sera possible d'obtenir sur ces natures rudimentaires seront d'abord fort incomplets, l'épaisseur de la couche d'ignorance et de superstitions qui les enveloppe est trop forte pour qu'on puisse en avoir raison en quelques années ; mais la femme noire est habituée aux plus durs travaux dont elle a seule la charge dans les tribus, et on peut la comprendre au même titre que l'homme dans l'organisation des établissements agricoles, ce qui permettra de favoriser les unions entre ces travailleurs. On constituerait ainsi la famille et on l'attacherait au sol ; la race nègre est très prolifique, et les enfants, issus de ces unions, soumis à l'instruction intellectuelle et professionnelle obligatoire, ne présenteraient plus, après deux ou trois générations, d'autres différences avec les nôtres que celles qui dépendent des aptitudes natives particulières aux deux races.

Les progrès intellectuels de l'homme s'accumulent et se transmettent aux générations suivantes par l'hérédité. Ils varient selon le milieu : très lents chez le sauvage comme chez le paysan dont la vie uniforme et routinière s'écoule dans un espace restreint, ils s'accélèrent chez le citadin et le voyageur en raison de l'étendue du champ des comparaisons qui leur est ouvert et de la multiplicité des sensations qu'ils éprouvent et qui excitent constamment leurs facultés en les affinant.

C'est en multipliant nos établissements agricoles sur tous les points que nous aiderons l'intelligence des noirs à progresser ; ils trouveront dans notre administration, nos procédés de culture, nos machines, notre outillage, nos constructions, nos exemples moraux et l'impartialité de notre justice, des leçons de choses et un champ de comparaison très étendu. Ces établissements seront des foyers intellectuels et civilisateurs dont la puissance de rayonnement croîtra avec une intensité d'autant plus grande qu'ils continueront à progresser en conservant l'affinité de la race avec les populations environnantes moins avancées. Peu à peu, et l'instruction des enfants aidant, le niveau intellectuel et moral s'élèvera autour d'eux et s'étendra progressivement aux couches profondes de la population, les idées se transformeront, la vérité et la raison s'imposeront et amèneront un jour une évolution sociale nécessaire que nous aiderons à réussir. Ce sont ces établissements qui, reliés entre eux par voie ferrée et télégraphe, nous fourniront des bases solides et à toute épreuve pour réaliser la révolution radicale des mœurs et des gouvernements barbares de ces contrées avec la pleine certitude du succès.

Le nègre est un excellent observateur de la nature et un bon imitateur des procédés manuels ; sous la direction d'ingénieurs, de chefs de culture et de métiers, il donnera d'excellents résultats qu'on augmentera encore par l'emploi de l'outillage moderne perfectionné, et qui compenseront très largement les dépenses et les soins que son éducation aura nécessités. Il suffira de lui donner des terres de bonne qualité et bien situées, pour que l'œuvre philantropique et humanitaire de sa civilisation soit aussi une entreprise des plus lucratives. C'est le nègre qui a servi à édifier toutes les grandes fortunes coloniales, qui a défriché la Louisiane, le Brésil, malgré la barbarie des procédés auxquels on l'a soumis ; sa nature est restée la même, et ce n'est pas parce qu'on le traitera avec humanité, que les résultats qu'il a donnés jadis pourront se trouver diminués ; au contraire.

Les lois naturelles qui régissent les évolutions de l'homme et des sociétés sont inflexibles et immuables, aucun progrès ne peut être réalisé en dehors de leurs règles précises, et c'est cette certitude qui nous a conduit à adopter les moyens que nous venons d'exposer. Nous avons la profonde conviction qu'il n'en existe pas d'autres qui puissent nous conduire, aussi sûrement et aussi promptement, à résoudre le grand problème de la civilisation de l'Afrique, dont la nécessité s'impose aujourd'hui aux peuples civilisés.

NÉCESSITÉ DES EXPLOITATIONS AGRICOLES ET DES OPÉRATIONS COMMERCIALES POUR LA COMPAGNIE

Les établissements agricoles dont nous préconisons la création seront des agents civilisateurs d'une puissance incomparable, et les seuls sur lesquels on puisse faire fond pour obtenir des résultats complets. Occupant un grand nombre de travailleurs maures, arabes ou noirs, ils contribueront à fondre les nationalités et les races; introduisant dans ces contrées arriérées les meilleures méthodes de culture et un outillage perfectionné; fournissant des semences de choix; conseillant, instruisant et répandant la richesse autour d'eux; prenant les indigènes par les côtés matériels, les seuls auxquels ils soient sensibles, sans exercer aucune pression, sans intervention dans leurs affaires locales, par l'exemple seulement qu'ils auront chaque jour sous les yeux et qui les sollicitera par l'intérêt personnel, on vaincra assurément leurs défiances, et on parviendra à les attacher par la reconnaissance. Mais pour que ces établissements puissent prospérer, il faut assurer l'exportation de leurs produits, et, pour cela, les relier entre eux et au port de mer par des moyens économiques de transports, et la construction d'une voie ferrée, dont la nécessité s'impose, devient facile avec leur concours, le tonnage qu'ils produiront devant être suffisant pour la faire vivre.

On ne pourrait sérieusement espérer que la construction d'un chemin de fer suffirait à transformer les peuples du Soudan en agriculteurs; il faut tenir compte des habitudes prises, de la paresse, des défiances, de l'ignorance et, aussi, de l'indifférence de gens dont les besoins sont presque nuls. Les produits agricoles n'ont jamais été exportés et sont aujourd'hui à peu près sans valeur dans l'intérieur; leur en donner une sera assurément un très grand progrès; mais le progrès ne se réalise que lentement dans nos sociétés civilisées, et il n'en peut être autrement chez ces peuples inférieurs dont, jusqu'alors, toutes les aptitudes ont été tournées d'un autre côté. Les plus hardis commenceront et, d'année en année, d'autres les suivront; mais il faudra beaucoup de temps pour que le mouvement se généralise assez pour produire un tonnage important. Les exploitations agricoles de la Compagnie aideront grandement à accélérer cette transformation, et leur concours est absolument indispensable à l'établissement d'une ligne ferrée dans ces contrées nouvelles.

Pour donner aux échanges une impulsion vigoureuse jusqu'aux points les plus éloignés dans le centre de l'Afrique, et qu'ils produisent des résultats en rapport avec l'importance des capitaux qu'exigeront la construction des voies ferrées et les autres parties de l'entreprise, la Compagnie devra faire des opérations commerciales pour son propre compte; son intérêt d'abord, puis la force des choses l'y obligent absolument.

Nous n'avons pas encore de relations directes établies avec les États du Soudan, et pour en organiser, le personnel n'existe pas; il faut en créer un, ce qui serait très long, si l'initiative des particuliers devait, seule, s'employer à le former; les commerçants français ne se porteront que très lentement vers ces régions; ils devront les étudier, faire des essais, trouver des intermédiaires, en un mot, organiser des relations, et, il faut bien le rappeler, l'esprit d'initiative s'est grandement affaibli parmi nous, ainsi que le goût des entreprises coloniales. On pourra nous faire retrouver ces qualités par la diffusion des connaissances géographiques et par des mesures appropriées dans l'éducation de nos enfants; mais, en attendant, le nombre des commerçants qui entreprendront des opérations avec le Soudan, sera, selon toutes les apparences, extrêmement limité.

7

Quant aux indigènes, ils ne peuvent rien faire avec l'Europe sans intermédiaires, vu qu'ils n'ont pas de signe monétaire, et que toutes leurs transactions s'effectuent par voie d'échange de produits contre produits. Les cauris ne peuvent être considérés comme une monnaie ; ce n'est qu'une marchandise fort encombrante, dont le cours varie d'un point à l'autre et qui, n'ayant cours que dans ces contrées, devrait toujours y être réalisée sur place contre des produits vendables en Europe

Cette situation soulève une question économique de la plus haute gravité, et l'une des plus délicates à résoudre que présente le problème africain : peut-on introduire de suite l'usage de nos monnaies dans ces pays ? Cette question exige une étude sérieuse et approfondie ; car, selon la solution qu'on lui donnera, elle peut exercer une influence considérable sur l'œuvre de civilisation projetée, la développer ou l'arrêter.

L'état social des noirs est, de plusieurs siècles, en retard sur le nôtre, et nous doutons fort que leur cerveau soit actuellement capable de s'approprier nos idées conventionnelles. Les organes de l'homme sont perfectibles, mais pour parvenir au point où nous sommes arrivés, il a fallu beaucoup de temps et si, par des moyens de culture bien combinés, on peut espérer abréger la durée de l'évolution pour les noirs, nous estimons cependant que plusieurs générations seront nécessaires pour qu'elle soit complète. Il ne nous paraît donc pas possible, avant longtemps, d'introduire l'usage de nos monnaies dans l'intérieur de l'Afrique. Leurs divisions ne sont pas en rapport avec la valeur des choses, et on serait exposé, faute de pouvoir la représenter exactement par le signe monétaire, à en produire l'élévation, ce qui serait nuisible et même dangereux, si la hausse coïncidait avec un abaissement des cours en Europe, qui ne laissât plus une marge suffisante pour continuer les échanges. Cette valeur des choses ne repose sur aucune base certaine, et, par cela même, est très variable et capricieuse ; une étoffe dont le dessin ou la couleur séduit, un objet infime, un bouton d'uniforme, par exemple, peuvent acquérir une valeur énorme pour celui qui désire le posséder ; mais, en général, le noir est surtout sensible à la quantité, et c'est pour ce motif que l'on fabrique, pour le troc en Afrique, des tissus aussi légers que possible, afin qu'ils coûtent moins cher et qu'on en puisse donner un fort aunage et, en réalité, moins d'argent. Tant que la civilisation n'aura pas fait contracter de nouveaux besoins aux noirs, ne leur aura pas donné le goût de l'épargne et les moyens de la placer, nos monnaies d'or et d'argent ne seront, pour eux, que des objets d'échange comme les autres, mais d'un placement impraticable pour l'Européen, parce que, dans les marchandages qui accompagnent tout échange, le noir chercherait toujours à obtenir le plus grand nombre de pièces possibles, sans avoir égard à leur valeur, ce qui serait ruineux.

D'un autre côté, l'ambition de posséder est limitée, chez le nègre, à un petit nombre d'objets usuels : un fusil, de la poudre, de l'étoffe pour se couvrir et quelques ornements pour se parer, cela lui suffit ; la nature lui fournit tout le reste ; il ne songe pas à accumuler des biens, et rien ne l'y convie ; au contraire, s'il devenait trop riche, il s'exposerait aux convoitises, et tout ce qu'il possède, sa famille, sa liberté, sa vie, sont à la merci du caprice des chefs ; la terre est en commun et n'a pas de valeur ; il lui faut peu de chose pour vivre, et il l'obtient d'un sol prodigieusement fécond, à peu près sans travail ; que lui fait la richesse ? Il ne pourrait l'employer.

Les produits du sol, n'ayant pas encore fait l'objet du commerce d'exportation en Afrique, il est de la plus haute importance de ne leur donner, au début, qu'une valeur très peu supérieure à leur prix de revient réel. La terre ne coûte rien et donne des rendements énormes sans avoir besoin d'être fumée, elle n'exige pas de labours profonds et multipliés, à peine le noir en écorche-t-il la surface avec sa houe pour y déposer les semences, et il n'a plus ensuite qu'à récolter. C'est donc le travail manuel de l'homme qui constitue le prix de revient des produits, et la somme de travail dépensé étant très faible, celui qui le fournit n'ayant pas ou d'apprentissage coûteux à faire pour savoir l'exécuter, la valeur de ce travail équivaut aux seules dépenses que l'homme doit supporter pour satisfaire ses besoins ; c'est dire qu'elle serait insignifiante si on la calculait rigoureusement sur cette base, la nourriture et l'habitation ne coûtant, elles-mêmes, qu'une petite dépense de force, et le vêtement n'étant pas rendu absolument obligatoire par le climat ni par les mœurs. Le nègre reconnaît du reste lui-même le peu de valeur des produits du sol, car il ne les cultive que pour son propre usage, et quand il en cède parfois aux voyageurs qui traversent son village, il en donne beaucoup pour peu de chose et souvent même pour rien. Mais pour obtenir que les indigènes cultivent largement pour fournir à l'échange contre nos articles, il convient d'adopter, pour leurs produits, une valeur suffisante à les encourager, mais pas plus ; car, avec des besoins aussi bornés que les siens, si on fournissait au noir des moyens trop prompts pour les combler avant qu'on ne lui en ait fait contracter de nouveaux, il cesserait aussitôt de produire, le commerce s'arrêterait dans son essor, et n'aurait plus d'autre horizon que le renouvellement des objets usés.

Ce résultat n'est pas douteux, et les exemples abondent ; nous citerons seulement les suivants, que tout le monde peut facilement contrôler.

Dans la colonie portugaise d'Angola, il devient chaque jour plus difficile de se procurer des porteurs pour transporter les marchandises dans l'intérieur, et les colons sont obligés de renoncer à l'habitude commode de leur *tipoia* (palanquin), ne pouvant plus trouver personne qui consente à faire ce service. Les indigènes disent « *qu'ils ne veulent pas faire maigrir le* « *nègre pour engraisser les blancs.* »

Le commandant Cameron nous a raconté ses souffrances pour atteindre Benguella et comment, à proximité de la côte, lui et ses compagnons avaient failli périr de faim, personne ne voulant de ses marchandises, dont la contrée était saturée, ni se donner la peine de leur procurer des vivres.

Stanley et son monde se sont trouvés dans une situation analogue, à quelques marches de Boma, et ce qu'il importe surtout de remarquer, c'est cette indifférence, cette dureté envers des malheureux tombant d'inanition et qu'il en coûtait si peu de sauver. Rien ne peut mieux démontrer combien le système d'exploitation suivi en Afrique est défectueux et pernicieux, car ces indigènes étaient jadis semblables à ceux que nous voyons, dans l'intérieur, accueillir les voyageurs, les obliger, leur fournir des guides et des vivres contre une faible rétribution et souvent même sans en demander aucune. Après un long contact avec les blancs, ils n'ont gagné que leurs défauts, ils n'ont trouvé à imiter que leur orgueil, leur vanité, leur morgue et la dureté des maîtres d'esclaves ; tous, dès qu'il possèdent quelque chose, se qualifient de *blancs* et traitent de *nègres*, terme méprisant, leurs malheureux congénères moins favorisés par la fortune, et dont la peau n'est pourtant pas différente de la leur. Le système qui conduit à de pareils résultats nous paraît jugé. Voilà 300 ans qu'il est pratiqué en Afrique ; il est grand temps d'en changer.

Ce qui précède démontre amplement que les exigences de la situation, ainsi que le souci de ses intérêts, obligent la Compagnie à entreprendre le commerce d'échange pour son propre compte. Elle devrait, dans tous les cas, se pourvoir de marchandises pour se procurer les choses essentielles aux besoins de ses divers services et de son personnel, et pour payer ses ouvriers ; ses établissements agricoles et ses gares seront des points excellents pour établir des comptoirs commerciaux sans dépenses nouvelles et qui réuniront toutes les conditions nécessaires pour réussir et prospérer. Ces comptoirs sont également indispensables pour faciliter les transports des marchandises et des voyageurs dans une contrée où le signe monétaire fait défaut.

En entrant dans cette voie, la Compagnie rendra, en outre, d'immenses services à l'industrie et au commerce français, en se faisant leur initiatrice dans les états du Soudan, fort peu connus encore, et en y établissant promptement de nouveaux et larges débouchés ; car ce n'est pas un monopole que nous entendons établir, ce serait méconnaître les véritables intérêts de la Compagnie ; il lui faudrait un personnel considérable, d'un recrutement peu facile et très délicat, dont la surveillance à distance et dans de tels pays serait fort difficile et pourrait l'exposer à des déboires ; il faut en écarter jusqu'à la pensée. Le rôle que la Compagnie doit remplir en Afrique est plus large, plus utile, et il sera, en même temps, plus fructueux.

Elle étudiera, pour son propre usage, d'abord, les ressources commerciales du pays, les produits qu'on y rencontre et les articles qui peuvent servir aux échanges. Elle indiquera aux fabricants français ceux de ces articles qu'ils ne produisent pas encore, et si ces derniers ne veulent ou ne peuvent les entreprendre, ou s'ils demandent des prix exorbitants, comme il arrive souvent, elle s'entendra avec des usiniers pour les leur faire fabriquer à façon et en leur fournissant les matières premières provenant de l'Afrique, afin que le prix de revient permette de soutenir la concurrence étrangère et de réserver le profit de ces fabrications nouvelles au travail national.

Ensuite, la Compagnie mettra tous ses renseignements à la disposition de ceux qui voudront venir commercer au Soudan, leur indiquera la valeur attribuée par elle aux produits d'échange, les guidera, les pilotera pour leur éviter tout déboire et les attirer vers ces nouveaux marchés. Elle ne leur fera pas concurrence, se bornera à accepter l'échange des produits qui lui seront apportés à ses comptoirs, aux conditions qu'elle communiquera aux négociants pour leur gouverne et leur abandonnera toute l'exploitation intérieure du pays par leurs caravanes ou par des comptoirs fixes.

Ces renseignements et le tarif des transports suffiront à ceux qui traiteront les opérations par eux-mêmes ou par leurs employés. Pour ceux qui préféreront se débarasser des soins et des soucis de l'expédition ou de l'achat des marchandises, la Compagnie se fera leur commissionnaire, moyennant un honnête profit, et leur livrera les articles commandés aux gares indiquées, ou, mieux encore, leur ouvrira, contre versement préalable de la somme qu'ils destinent à leurs opérations, un crédit équivalent, valable pour tous ses comptoirs, où ils pourront choisir leurs assortiments sur place et trouver ensuite à les renouveler. Les magasins de ces comptoirs, maintenus facilement en bon état d'approvisionnement au moyen du télégraphe et de la voie ferrée, offriront de précieuses ressources aux négociants, pour parer à tout imprévu et ne pas laisser échapper une bonne occasion. En consignant aux comptoirs tout ou partie des produits indigènes qu'ils auront échangés, ils pourront encore augmenter l'importance de leur crédit et donner plus d'extension à leurs opérations s'ils rencontrent des circonstances favorables. Enfin, ils pourront vendre ferme ces produits aux comptoirs, à des prix fixés d'avance et leur laissant un beau bénéfice.

Ce dernier mode conviendra surtout à ceux qui ne disposent que d'un faible capital et amènera sûrement en Afrique un grand nombre d'hommes hardis, intelligents et travailleurs, qui n'y pourraient venir sans cela, et qu'il est de la plus haute importance d'y attirer. Parcourant la contrée dans un rayon donné, selon le mode des caravanes ou celui de nos colporteurs, pouvant renouveler leurs approvisionnements aux comptoirs, et y trouvant toujours le placement immédiat des produits indigènes échangés, ils atteindront un chiffre d'affaires élevé, et trouveront à réaliser une fort jolie fortune en quelques années, ce qui popularisera rapidement ce genre d'entreprise, dont la France peut obtenir de grands résultats. Ils seront pour la Compagnie ce que les voyageurs sont pour le commerce en France, avec cette différence qu'ils opéreront à leurs risques et périls, ce qui justifiera pleinement le bénéfice élevé qui leur sera laissé.

La haute utilité d'une Compagnie ainsi organisée pour explorer des contrées nouvelles est suffisamment démontrée par ce qui précède, et l'on peut apprécier la grande valeur du concours qu'elle peut apporter à l'industrie et au commerce de la France.

BUT GÉNÉRAL DE LA COMPAGNIE

Le but que notre Compagnie se propose de réaliser se trouve exposé complètement dans les chapitres qui précèdent, et nous n'avons plus qu'à faire connaître les moyens que nous comptons employer pour donner les plus grands développements à l'entreprise, ainsi que son organisation. Nous indiquerons d'abord que l'exécution doit se diviser en deux parties distinctes, quoiqu'elles poursuivent un but commun : la conquête pacifique de l'Afrique et sa civilisation. La première comprend tout ce que nous devons exécuter en territoire colonial, et nous l'appellerons *officielle*, parce qu'elle peut être discutée publiquement; elle est indépendante de l'autre et pourrait être exécutée seule. La seconde comprend tout ce qui se rapporte au pays noir, et nous la nommerons *secrète*, parce que sa divulgation fournirait des indications que nos rivaux en Afrique pourraient utiliser pour en entraver l'exécution ; elle ne peut être entreprise seule, ni avant plusieurs années, car il faut lui assurer d'abord des bases d'opérations solides à la côte, ce qui la subordonne à la première, qui doit les lui procurer.

Les moyens d'exécution et l'organisation seront exposés dans les chapitres suivants ; nous nous bornerons, ici, à tracer le programme général de la partie secrète, qui résume l'œuvre à accomplir en pays noir, et dont nous poursuivrons la réalisation avec énergie et persévérance.

1° Prenant le Sénégal pour base d'opération, pénétrer dans l'intérieur de l'Afrique et établir des moyens de tranports économiques, par terre et par eau, entre notre colonie et *Yola*, ville de l'Adamaoua, sur la Bénoué, créer, sur le parcours, des établissements agricoles et des comptoirs commerciaux pour monopoliser le commerce des contrées traversées, y développer la production, les civiliser par le travail, les organiser et préparer leur annexion future à la France;

2° Relier l'*Ogooué* au *Congo* par une voie ferrée, établir la navigation à vapeur sur le grand fleuve et ses affluents, créer des établissements et des comptoirs sur leurs rives, monopoliser le commerce, civiliser et amener également l'annexion future de ces contrées;

3° Etudier et réaliser, aussitôt que cela sera possible, la jonction de *la Bénoué* au *Congo* en utilisant l'un des affluents de ce dernier — la Mangala ou la Kanja — et, par une voie ferrée aboutissant à *Yola*, de façon à compléter une ligne d'occupation continue pour soumettre à notre action politique, commerciale et civilisatrice l'immense territoire encore inconnu compris entre les trois cours d'eau ci-dessus et la mer;

4° Développer ensuite son action dans toutes les directions utiles pour agrandir les marchés au profit de nos industries nationales, étendre notre influence et consolider notre puissance dans l'intérieur du continent africain, en modifier les mœurs et les coutumes barbares, et y introduire les principes de notre droit public et de notre organisation administrative et politique.

L'exécution de ce programme demandera sans doute un temps assez long, principalement pour en développer les côtés moraux et civilisateurs; mais la pénétration matérielle du continent ne présente pas de difficultés sérieuses, et, avec notre organisation, il est permis d'espérer que nous pourrons atteindre aux points extrêmes en un temps relativement court, si l'on considère la longueur du parcours à effectuer.

Toutes les nations ont fourni leur contingent de voyageurs en Afrique, ce qui a donné un caractère international aux découvertes qu'ils y ont faites ; mais il n'en est pas de même de l'exploration et de la prise de possession de ces contrées nouvelles, et nous voyons chaque puissance s'efforcer d'y faire prévaloir ses intérêts et de s'en assurer la domination à l'exclusion des autres. L'Angleterre ne perd pas un instant et fait chaque jour des progrès énormes dans cette voie ; l'Allemagne et la Belgique sont à l'œuvre également et visent particulièrement le champ d'action que nos possessions semblaient devoir nous réserver ; l'Italie commence aussi, et il y a urgence absolue à ce que nous agissions, à notre tour, sans retard.

Ces compétitions nous indiquent encore que, tout en restant fidèles au rôle civilisateur et humanitaire que la France a toujours rempli dans le monde, nous devons surtout prendre pour objectif en Afrique, le développement exclusif des intérêts français.

L'État ne pourrait y réussir aussi complètement qu'une Compagnie, parce que toutes ses entreprises sont d'intérêt général et qu'elles profitent aux étrangers comme aux nationaux, en vertu des traités qui le lient avec les diverses nations. Mais la Compagnie n'aura pas d'obligations de ce genre, et elle pourra user comme il lui conviendra des moyens de transports économiques qu'elle créera et qui seront sa propriété, et comme elle sera seule à les posséder, le *monopole commercial* des contrées traversées se trouvera forcément entre ses mains.

On ne peut pénétrer dans le bassin du Niger que par le Sénégal ; la route par le bas Niger ne peut servir que jusqu'aux rapides de Boussa, et pendant la saison des pluies seulement ; l'accumulation énorme des détritus charriés par le fleuve, rend son delta trop malsain pour qu'on puisse l'habiter et ses passes, qui se modifient à chaque instant, sont d'une navigation très difficile et fort dangereuse ; cette voie ne pourrait convenir pour une grande entreprise. Le Congo n'est abordable que par l'Ogooué et par l'Angola ; Stanley essaye bien, en ce moment, d'établir une route en suivant le cours du fleuve, mais réussira-t-il ? Les difficultés à vaincre pour établir une route dans une contrée aussi tourmentée — les 32 cataractes de cette partie du fleuve l'indiquent — sont considérables, et le doute est permis sur une telle entreprise, malgré la grande valeur et l'énergie de l'homme qui la poursuit. Partout ailleurs, les chaînes de montagnes qui ourlent toute la côte occidentale depuis le Sénégal jusqu'au Rio-Cunène, dans le sud, interdisent l'accès de l'intérieur de l'Afrique ; nous serons donc parfaitement protégés contre une invasion subite de la concurrence étrangère, et nous pourrons toujours l'empêcher de se produire avec les moyens dont nous disposerons.

Afin de consolider son monopole et de rendre sa prépondérance commerciale inexpugnable, la Compagnie n'introduira, en Afrique, que des *produits français* et de première qualité. Les indigènes préfèrent la quantité à la qualité, parce que le produit échangé leur sert de monnaie courante ; mais ils savent parfaitement apprécier la qualité et la Compagnie pouvant, avec l'économie que l'organisation de ses transports lui procurera, donner la qualité avec la quantité, toute concurrence étrangère deviendra absolument impossible à établir contre elle. En procédant ainsi, elle ne s'imposera aucune perte, elle réduira seulement un peu le bénéfice qu'elle pourrait faire, mais ce sacrifice sera largement compensé par le résultat obtenu sur l'esprit des indigènes auxquels on ne pourra plus faire accepter que des produits français.

Toutes les grandes villes *commerçantes* du Soudan se trouvent actuellement sur la frontière du Sahara, ce qui tient à ce que les échanges s'effectuent uniquement avec les caravanes du nord de l'Afrique ; mais lorsque la navigation sera organisée sur le Niger et sur la Benoué, il est indubitable que les courants commerciaux se déplaceront et se dirigeront vers ces cours d'eau, ou les attireront : la facilité des échanges, un échantillonnage bien plus complet et une activité d'affaires inconnue dans ces pays.

Les *Annales du Commerce extérieur*, n° 1,444, novembre 1862, donnent le renseignement qui suit ;

« La population du Soudan ne peut être évaluée dans l'état actuel de nos connaissances, mais,
» d'après des calculs partiels, il est permis de croire qu'on est au-dessous de la vérité en l'estimant
« à 150 millions. Au dire de tous les voyageurs, et d'après les nègres eux-mêmes, les villages se
« succèdent comme en France et en Italie, et on y rencontre fréquemment des localités de
« 60,000 habitants, telles que Kano, Sokoto, Nupé, etc. »

Si nous ajoutons à ce chiffre la population probable du bassin du Congo, qu'en raison de
la densité observée sur les points explorés, il ne semble pas exagéré d'estimer à 50 ou 60 millions d'âmes ; ce serait donc sur un ensemble de 200 à 210 millions d'individus que la Compagnie exercerait son monopole commercial.

Ainsi que nous l'avons déjà dit, une Compagnie ne peut exploiter efficacement un tel marché avec ses seuls employés ; elle ouvrira le pays, y créera les moyens de transports nécessaires à l'exploiter, des établissements agricoles et des comptoirs pour établir son influence et
protéger ses intérêts, et organisera les échanges commerciaux sur tous les points. Elle attirera
ensuite, dans ces contrées nouvelles, tous ceux que l'espoir d'une fortune rapide pourra décider
à profiter, sous son patronage et sa protection, des grands avantages que sa puissante organisation lui permettra de leur assurer.

Achetant directement en fabrique, expédiant, transportant, vendant, faisant tout par elle-
même, la Compagnie réalisera, sous ce rapport, d'importantes économies, qui lui permettront de
livrer les articles d'Europe et d'acheter les produits coloniaux à des conditions extrêmement
favorables pour développer le commerce dans l'intérieur de l'Afrique.

Elle remplira, à l'égard des négociants qui se fixeront dans l'intérieur ou qui viendront seulement y trafiquer à la façon des caravanes ou des colporteurs, le rôle d'une maison de gros
ou celui d'une entreprise de transports, à leur choix. Ils trouveront à tous ses comptoirs l'assortiment nécessaire à leurs opérations de troc, et pourront y vendre les produits du pays qu'ils
auront échangés, en s'exonérant ainsi des frais de recouvrement, des pertes des faillites, des
embarras des expéditions et des risques de route ; s'ils préfèrent expédier en Europe, la Compagnie transportera de même que s'ils tiennent à acheter eux-mêmes les articles à importer,
mais à la condition, toutefois, que ces articles seront d'origine française, car son but étant de
procurer de nouveaux débouchés à nos industries, elle ne peut fournir bénévolement les moyens
de leur faire concurrence avec des produits étrangers.

La valeur des échanges à la côte varie, selon les colonies, de 50 à 100 francs et plus par
tête d'habitant ; mais une partie des produits échangés provient de populations non recensées
ou lui est destinée. La zone d'écoulement est toutefois peu étendue, et si nous considérons
que les cultures régulières y sont nulles, tandis qu'avec notre organisation et nos propres établissements, nous provoquerons un accroissement considérable de la production, nous ne croyons
pas téméraire d'estimer à 5 francs par tête, en moyenne, l'importance des échanges lorsque
l'occupation sera complète, c'est-à-dire dans douze à quinze ans, et à 10 francs, au moins,
dans vingt-cinq à trente ans.

Le mouvement commercial développé, atteindrait donc *un milliard* dans 15 ans et le double,
ou *deux milliards* dans trente ans au plus ; or, comme la Compagnie pourra, sans aucune exagération, et en y comprenant les produits de ses cultures, réaliser un bénéfice moyen de 20 0/0, son
intérêt véritable sera donc d'obtenir le maximum d'écoulement possible. Avec son personnel seul,
elle ne pourrait jamais atteindre de pareils résultats, d'autant plus que le bénéfice à réaliser sur
une tonne est strictement déterminé par les cours cotés sur les marchés d'Europe, et que les prix
peuvent baisser avec l'accroissement de la production ; elle devra donc appeler, auprès d'elle,
le plus grand nombre d'auxiliaires qu'elle pourra trouver pour l'aider à donner aux échanges
tout le développement possible.

Les travailleurs de la Compagnie seront l'objet de soins assidus et éclairés, qui auront pour conséquence de nous les attacher et de les conserver sous notre direction, quand nous les rendrons libres. Nous ne croyons pas que beaucoup se séparent de nous pour retourner à leur ancien genre d'existence, lorsqu'ils auront, *pendant dix ans*, habité des logements spacieux, bien éclairés et aérés, qu'ils auront pris l'usage de nos meubles et de nos vêtements, dont le port est une véritable distinction dans ces pays ; qu'ils auront contracté l'habitude d'une nourriture substantielle, abondante et de repas bien réglés. Ce sont des hommes comme nous, et ils ne peuvent manquer de subir les effets physiologiques du bien-vivre et du confortable.

Notre mode d'administration contribuera aussi à nous les attacher, et les préparera à accepter les règles de notre droit public et notre organisation administrative et judiciaire, lorsque nous les constituerons en communes à l'époque de leur libération.

Les travailleurs seront divisés, sur les plantations, en groupes de 300 hommes, sous la direction d'un régisseur, et chaque groupe comprendra six sections de 50 hommes commandées chacune par un contre-maître.

Sauf les circonstances exceptionnelles, les contre-maîtres seront nommés par les hommes de leur section, et ceux-ci choisiront toujours un ancien chef ou un homme appartenant à une famille influente ; car, même en captivité, les noirs conservent le respect de la situation sociale antérieure de leurs compagnons de servitude. Ces contre-maîtres possèderont ainsi une autorité réelle, et nous seront attachés par la crainte de perdre leur grade, qui leur conférera certains avantages moraux et pécuniaires, et qui flattera surtout leur amour-propre et leur orgueil.

Les contre-maîtres d'un groupe formeront un jury auquel seront déférés tous les délits et manquements aux règlements. Ce jury n'aura que voix consultative, et devra seulement déclarer si l'accusé est, ou non coupable ; et ce sera le régisseur qui, faisant fonction de juge, acquittera ou appliquera la peine édictée par les règlements.

En outre de ce tribunal de groupe ou de famille, nous en aurons un autre pour juger les crimes, les désertions et toutes les causes extraordinaires. Il sera formé des Régisseurs, sous la présidence du Directeur, et tous les contre-maîtres de l'établissement composeront le jury. Ce tribunal servira aussi de Cour d'appel et de cassation pour les jugements du tribunal de famille.

Les audiences seront toujours publiques, et le prévenu, défendu par la personne qu'il choisira, ou d'office, par un employé de l'établissement.

Le droit d'adoucir les peines ou de faire grâce appartiendra au Conseil de Direction, composé des ingénieurs, médecins, pharmaciens, chimistes, de l'agent comptable et de l'agent commercial, sous la présidence du Directeur.

Ce système préparera l'organisation des villages des libérés en communes, avec Conseil municipal élu, mais en nous réservant la nomination des maires, des commandants de police et de leurs agents. Puis, lorsque le moment sera venu, ces communes seront réunies en cantons ; un Conseil général sera nommé, ayant les mêmes attributions que les nôtres, le Directeur ou son délégué remplissant les fonctions de Préfet, et administrant, en cette qualité, les populations libérées. L'organisation de la justice se fera en même temps : un tribunal de police, pour les contraventions, à la commune ; tribunal de 1re instance au canton ; et cour d'appel à l'établissement, avec le jury pour base à tous les degrés.

Nous ne croyons pas impossible que ce système soit imité par les indigènes qui nous entoureront, car, sur de nombreux points, il n'y pas d'organisation sociale bien définie, et la justice, abandonnée au caprice du chef, n'existe pas. Nous pourrons y aider par des allusions discrètes, mais nous ne donnerons aucun conseil ouvertement, notre règle devant être de nous abstenir rigoureusement de toute intervention directe dans les affaires des indigènes, et avec leur caractère, nous estimons que leur tendance à nous imiter sera d'autant plus grande que notre indifférence apparente sera plus marquée.

MOYENS DE TRANSPORTS

SUR MER. — La chose la plus nécessaire et la seule qui ait le pouvoir de relever nos établissements à la côte d'Afrique et de leur rendre la prospérité, c'est d'établir entre eux et la France des communications régulières et fréquentes sous notre pavillon national.

On ne peut méconnaître, toutefois, que l'organisation de ce service de transports serait fort difficile et que ces lignes éprouveraient les plus grandes difficultés pour vivre, pendant un temps dont il est impossible de déterminer la durée ; il faut que nos nationaux retrouvent la confiance, qu'ils reconnaissent qu'il s'agit d'une œuvre durable et non d'un essai après lequel ils pourraient être abandonnés de nouveau, pour qu'ils arrivent à renouer leurs relations avec la France et à briser celles qu'ils ont avec l'étranger, et qui les ont fait vivre jusqu'alors. Cette œuvre est presque impossible pour une simple société de transports ; elle éprouverait des pertes considérables et ne pourrait se créer et vivre sans de grosses subventions, ou même, une garantie d'intérêt de son capital par l'Etat.

Il n'en est plus de même, notre Compagnie se chargeant de créer le service. Elle ne pourra le faire, il est vrai, sans un certain concours financier dont nous indiquerons autre part l'importance relativement modeste, mais elle offrira, en retour, les meilleures probabilités de succès et la presque certitude que les sacrifices consentis par l'Etat, seront productifs.

La Compagnie serait toujours obligée d'avoir, à elle, un nombre de navires suffisant pour assurer ses exportations, car elle ne peut traiter de grandes opérations dans l'intérieur, en courant le risque d'en voir le profit absorbé ou fortement diminué par l'élévation du prix du fret pour l'Europe; il faut qu'elle connaisse d'avance le coût du transport pour opérer avec sécurité. Mais elle n'a pas immédiatement besoin d'une flotte; elle commencerait par un navire et en ajouterait d'autres ensuite, selon ses besoins; une subvention est donc nécessaire pour qu'elle puisse organiser un service complet à bref délai, sans nuire par trop à ses intérêts.

Ce principe admis, la Compagnie sera amenée, par voie de conséquence, à établir des comptoirs nouveaux sur tous les points de la côte qu'elle desservira pour donner du fret à ses vapeurs et faire de la propagande ; avec son organisation générale, l'établissement de ces comptoirs ne sera pas trop onéreux pour elle, et ils aideront grandement à rétablir l'influence de la France dans ces parages. Donc, sous tous les rapports, l'intervention de la Compagnie ne peut qu'être avantageuse et utile au pays.

Nous proposons donc d'organiser le service maritime de la côte occidentale d'Afrique, de la manière suivante :

I. — GRANDE LIGNE A.

Du **Havre** : départs *deux fois* par mois.

Escales : Saint-Nazaire, Pauillac, Lisbonne, Grande-Canarie, Saint-Louis (port de la Compagnie), Le Gabon, Barre-du-Congo, Ambriz et Loanda.

Selon toute probabilité, les développements de nos opérations au Gabon et dans l'Angola, nous obligeront, avant dix ans, à porter nos départs à 4 ou 5 par mois au lieu de 2, avantage dont les ports d'escale profiteront.

II. — GRANDE LIGNE B.

De Marseille : départs, *deux fois* par mois.

ESCALES : Rabat (Maroc) et Saint-Louis (port de la Compagnie).

L'escale de Rabat, comme celle de Grande-Canarie, a pour but de faciliter l'introduction des animaux de transport (ânes, mulets, chameaux), dans la colonie, où notre service en exigera un grand nombre, et qu'on peut se procurer sur ces points à bon marché.

Le nombre des départs de Marseille sera ultérieurement augmenté, suivant l'importance des besoins.

III. — LIGNE DE CABOTAGE C.

De Saint-Louis (port de la Compagnie) : départs, *une fois* par mois.

ESCALES : Dakar, Saloum, Casamance, Rio-Nunez, Rio-Pongo, Mellecorée, Monrovie, Cap Palmas, Petit-Lahou Grand-Lahou, Grand-Bassam, Assinie, Porto-Segnro, Petit-Popo, Grand-Popo, Wyhdah, Porto Novo, Lagos, Bonny, Ile-du-Prince, Ile San-Thomé et Gabon.

Le nombre des départs sera ensuite augmenté selon les besoins.

Les produits de la côte d'Afrique, ne convenant pas à un degré égal à nos divers ports de France, nous en ferons le tri au Sénégal pour les diriger ensuite sur les ports où leur écoulement paraîtra le mieux assuré.

Les avantages de cette organisation sont :

1° Nos quatre premiers ports de commerce mis en communication avec tous les ports de la côte occidentale d'Afrique ;

2° Le Sénégal est touché *quatre fois* par mois, le Gabon *deux fois*, par les vapeurs des grandes lignes, à leur voyage d'aller et autant à celui du retour, et tous les autres petits ports *une fois*, par la ligne de cabotage. Mais cette dernière présente pour eux cet avantage qu'ils peuvent l'utiliser à son voyage d'aller ainsi qu'à celui de son retour, puisqu'elle correspond avec les grandes lignes à ses deux extrémités ; c'est donc comme s'ils avaient deux voyages par mois ,

3° Ce service sera bien supérieur à celui des lignes anglaises, les voyages seront de beaucoup plus courts, partant, moins fatigants; les lettres arriveront plus vite, ce qui a une grande importance en affaires coloniales ; et avec nos établissements de culture, nous pourrons approvisionner à peu de frais et abondamment la table des passagers, qui est détestable sur les navires anglais, ce qui nous attirera sans doute, assez promptement, la préférence des voyageurs.

Afin d'augmenter encore les sympathies du commerce, nous organiserons un service de renseignements très complet; nos agents dans les ports fourniront à chacun des steamers qui y feront escale, un bulletin de tous les faits commerciaux de leur place pouvant intéresser les négociants : état des récoltes, des stocks, cours des produits, articles d'importation manquants ou se trouvant en excès, articles recherchés ou dont l'écoulement devient difficile, sinistres, entrées et sorties des navires, cours des frets, courtages, changes, etc. ; et ces bulletins seront communiqués aux autres ports ainsi qu'aux journaux de toutes nos grandes places de commerce, aussitôt l'arrivée des steamers. Ces derniers emporteront de France, pour distribuer à tous les ports d'escales, un autre bulletin indiquant les cours des produits africains sur toutes les places de l'Europe, la situation connue des stocks et tous les autres renseignements qui paraîtront utiles pour guider dans les achats et donner une grande sécurité aux opérations. La haute utilité d'un service de renseignements ainsi organisé n'a pas besoin d'être démontrée; le commerce, en France, saura, en quelque sorte, au jour le jour, tout ce qui se passera à la côte, et les négociants de la côte, tout ce qui surviendra en Europe; l'attention publique sera constamment appelée sur ces contrées, et il nous semble impossible qu'il n'en résulte pas une augmentation notable du nombre des comptoirs dans un temps donné.

Le service maritime ainsi organisé réunira, croyons-nous, toutes les conditions désirables pour servir efficacement les intérêts politiques et commerciaux de notre pays.

SUR TERRE. — C'est au tramway à traction de mules ou de chevaux que nous donnons la préférence, comme convenant le mieux, au début, pour l'exploitation de ces contrées nouvelles, où le tonnage à transporter n'existe pas encore. Son coût d'installation peu élevé, ne crée qu'une charge très supportable pour l'intérêt; les conducteurs sont faciles à trouver et à former, et quand les animaux ne sont pas employés à la traction, on peut toujours trouver à les occuper sur les plantations, ce qui allège les dépenses d'exploitation. Un chemin de fer ne rendrait pas plus de services, et son exploitation serait ruineuse.

Plus tard, les voies seront refaites sur terrassements bien nivelés, et on remplacera alors la traction animale par la vapeur; mais seulement, quand l'importance du trafic et les circonstances le permettront.

Les avantages commerciaux d'un chemin de fer consistent :

1° Dans la faculté de transporter de lourdes charges avec une seule machine, ce qui rend l'emploi de la vapeur fort économique; mais à la condition toutefois, que le tonnage soit suffisant pour utiliser toute la force de cette machine, et qu'on ne soit pas obligé de la faire fonctionner sans charge;

2° Dans la vitesse de marche qu'on peut donner à cette machine.

Les produits du Sénégal, comme tous ceux de l'Afrique, sont destinés à l'exportation par mer; et nous avons vu au chapitre dans lequel nous avons traité la question des chemins de fer du Sénégal, que toute la production actuelle de la Colonie était absorbée directement par la navigation. Il n'y a donc pas d'éléments de trafic disponibles pour alimenter un chemin de fer, quant à présent.

Quant à la vitesse, elle est assez indifférente ici, car il suffit que les produits arrivent à la côte en coïncidence avec le navire qui doit les charger, et cela peut s'obtenir sans le concours de la vapeur. La vitesse ne serait utile que pour les voyageurs, mais le nombre probable de ceux-ci serait trop faible pour sustenter une ligne ferrée, et, avec l'obligation de faire marcher des trains réguliers et quotidiens comme l'exige un tel service, ce serait une entreprise ruineuse dans l'état actuel de la colonie.

Enfin, alors que nos importations déclinent chaque jour, il est fort inutile de fournir, au commerce étranger, des moyens nouveaux et économiques pour pénétrer plus avant dans notre colonie, et nous estimons que, de même que pour le Niger et le Soudan, nous devons tenir les portes closes, puisque nous pouvons le faire sans manquer aux contrats internationaux.

Le tramway que la Compagnie établira pour son usage étant sa propriété, elle imitera l'exemple de nos cultivateurs en France qui, pour utiliser plus complètement leur matériel, louent leurs chevaux et leurs voitures, ou traitent à forfait des transports de mines, de charbon, de betteraves, etc., et mettra ce mode de transport économique à la disposition de nos nationaux, mais par contrats séparés et nominatifs, pour écarter toute apparence de service public et sous la condition précédemment indiquée, de ne transporter que des produits français. Nous donnerons ainsi satisfaction à tous les intérêts légitimes, et ce tramway suffira pendant longtemps à l'importance du trafic, car il pourra facilement effectuer un transport de 400 à 500 tonnes par jour, en descente vers la mer, ce qui correspond à un mouvement de sortie maritime de 175,000 à 200,000 tonneaux par an, chiffre que l'on n'atteindra que dans un certain nombre d'années.

SUR RIVIÈRES. — Nous emploierons sur les fleuves et rivières navigables des steamers et des chalands de divers tonnages.

Les steamers seront armés, pour qu'ils puissent, au besoin, protéger le commerce et les biens de la Compagnie; leur tirant d'eau sera le plus faible possible, afin de ne pas suspendre leurs services en basses eaux; ils prendront des passagers, mais ne porteront pas de chargement.

Tous les transports des produits s'effectueront au moyen de chalands de fort tonnage, pour l'époque des hautes eaux qui est aussi celle où l'on fait les récoltes, et qui fournit, par conséquent, les plus forts chargements; et pour la saison sèche, par d'autres plus petits et d'un faible tirant d'eau.

Les steamers seront chargés de remorquer ces chalands, ainsi que toutes les embarcations appartenant aux indigènes ou aux traitants, lorsqu'elles se rendront, dans un but commercial, aux divers marchés de la Compagnie.

Les commandants de ces steamers recevront, pour première mission, de négocier des traités de commerce et d'amitié avec les chefs indigènes et d'en obtenir la cession, sur des points bien situés, des terres nécessaires pour fonder des établissements et des comptoirs auprès desquels de grands marchés seront ensuite ouverts à des jours déterminés. Ils négocieront en même temps une convention pour donner des règles fixes et équitables aux rapports des négociants avec les indigènes et assurer la sécurité et la loyauté des transactions. Ensuite, chaque steamer prendra la surveillance et la police d'une section déterminée du fleuve, et devra la parcourir chaque jour, qu'il y ait ou non de la charge à remorquer, pour maintenir en correspondance journalière tous les établissements créés sur la ligne d'eau et s'assurer que tout est calme sur le parcours de sa section.

La ligne se développera par sections successives, au fur et à mesure de la mise en service de nouveaux steamers. En procédant ainsi, nous ne livrerons rien au hasard, et si notre marche en avant est plus lente, elle s'effectuera aussi avec une grande sécurité.

Le nombre des steamers sera augmenté, lorsque l'importance du tonnage à remorquer l'exigera.

TRACÉ ET EXÉCUTION

AU SÉNÉGAL

Notre point de départ sera placé entre Dagana et Diamath, sur le Sénégal, en un lieu favorable à l'établissement des magasins et des apparaux nécessaires pour charger et décharger promptement les navires. Nous choisissons cet emplacement parce que le point de départ doit être accessible à nos steamers en toutes saisons, et situé aussi haut que possible sur le fleuve pour réduire la longueur du tramway; tout kilomètre économisé dans le parcours sur terre constitue un avantage pour la Compagnie et est, en même temps, une garantie du développement du trafic et de son maintien avec les points éloignés, malgré l'abaissement possible des prix sur les marchés de l'Europe.

Nous construirons, entre ce point de départ et Médine, un tramway qui suivra les hauteurs parallèles au fleuve en passant à proximité des point suivants : Diamath, Salde, Matam, Bakel et Médine, où nous créerons nos premiers établissements agricoles. Celui de Médine sera le plus important ; il sera notre tête de ligne pour pénétrer dans l'intérieur et l'entrepôt du matériel et des marchandises que nous y introduirons.

Chacun de ces points possède un poste militaire fortifié qui nous garantira la sécurité indispensable pour former notre personnel, organiser l'entreprise sur des bases solides, et constituer les éléments nécessaires pour aborder le pays noir.

Plus tard, quand les circonstances le permettront, nous prendrons un embranchement entre Bakel et Médine que nous dirigerons sur Senoudebou et Kéniéba, pour l'exploitation des mines du Bambouk ; puis, sur Ganalo et Conguel pour aboutir à Kaolahk, sur le Saloum, en protégeant toujours le parcours de la ligne par des établissements agricoles. Nous entourerons de cette façon tout le territoire compris entre la Gambie et le Sénégal et pourrons le soumettre à notre action civilisatrice qui en préparera l'annexion à la colonie.

EN PAYS NOIR.

De Médine, le tramway sera continué jusqu'à Bamakou, sur le Niger, en le protégeant par des établissements ou des comptoirs qui assureront sa sécurité et lui fourniront des transports.

Bamakou et l'île qui lui fait face seront fortement occupés ; nous y établirons l'entrepôt du matériel et des approvisionnements nécessaires au bon service de la navigation sur le Niger.

Cette navigation, organisée, s'avancera sur le fleuve au fur et à mesure de la mise en service de nouveaux vapeurs, et des établissements ou des comptoirs seront créés sur les rives pour la protéger et lui fournir du fret.

De Bamakou, nous prolongerons le tramway en l'appuyant toujours par des établissements ou des comptoirs, sur Beleko, Kaya, et ensuite dans la direction d'Arre, Woghodogho, Nangou, pour aboutir à Komba, sur l'autre branche du Niger.

C'est dans cette zone, que le Niger entoure, et qui est fermée au Sud et au Sud-Ouest par des montagnes, que nous concentrerons tous nos efforts, multiplierons nos exploitations agricoles et nos lignes de tramways, afin d'y acquérir une situation inexpugnable.

Le seul danger que présente l'avenir réside dans une explosion du fanatisme musulman du côté du Haoussa. La plupart des États de la zone ci-dessus, ne sont pas soumis aux Fellatahs, ce sont des États nègres qui offrent beaucoup moins de dangers, et avec des établissements agricoles occupant un grand nombre de travailleurs qu'il sera facile d'armer et de porter promptement sur les points menacés, nous n'aurons rien à redouter. La possession du fleuve et nos tramways nous permettront, de tenir tête aisément à toute attaque et de la mâter sûrement en un temps très court.

Nous construirons, pour assurer complètement notre sécurité, une ligne centrale qui partira de Wogodogho, et se dirigera au Nord vers Tombouctou. Puis nous détacherons des embranchements vers les points que nous occuperons sur les rives du fleuve, ce qui nous permettra d'envoyer ou de recevoir des secours dans toutes les directions. Cette ligne centrale et ces embranchements seront, en outre, fort utiles pour exploiter la contrée et donner une grande extension au trafic sur le fleuve.

Nous établirons ensuite une seconde ligne qui, partant de Bamakou, passera par Faracco, Digna, Debena, Ganoné et Kong, pour aboutir aussi à Woghodogho, que sa position désigne pour devenir le centre de notre action politique et la place d'armes de notre système de défense dans ces contrées.

Komba sera un des points d'appui de la navigation et servira à en évacuer le trop plein; son comptoir alimentera les échanges avec les grands centres de Gando et Sokoto, auxquels la rivière Sokoto lui permettra d'accéder facilement.

La plupart des grandes villes du Soudan se trouvent à peu de distance du Niger et de la Benoué, ou sont situées sur des rivières qui s'y déversent, ce qui est très favorable à la formation des courants commerciaux vers ces cours d'eau. Nous les desservirons plus tard directement par des lignes ferrées lorsque nous aurons reconnu la possibilité de les établir.

Les deux premières que nous étudierons partiront de Yola, et se dirigeront : l'une vers Kouka, sur le lac Tchad ; et l'autre vers Kano, en suivant la vallée de la Gongola, pour passer à proximité de Yakoba, ville considérable au centre du Haoussa, qu'il semble difficile de pouvoir atteindre directement, en raison de son altitude élevée.

Les chevaux sont excellents et à bon marché dans le Bornou; l'exploitation de ces tramways se trouvera donc dans de bonnes conditions sous ce rapport.

C'est de Yola que nous partirons pour chercher la jonction de la Benoué avec la Mangala ou la Kanja et par cette dernière, avec le grand fleuve Congo. Nous y rencontrerons certainement les moyens de pénétrer facilement dans la région inconnue, ainsi que des indications précieuses pour nous guider, Yola étant un des plus grands entrepôts d'esclaves de l'Afrique, qui proviennent précisément des contrées à explorer.

AU GABON

La route de l'intérieur par l'Ogooué est bonne pour les petits traitants, mais elle ne nous paraît pas propre à servir de voie de grande communication avec le Congo; on y rencontre trop de chutes, de rapides, obligeant à des transbordements et à des risques qui ne peuvent être admis dans un trafic important comme celui que nous voulons déterminer.

Il faut donc trouver un autre passage pour établir notre tramway et nos établissements agricoles, et nous estimons que ce passage doit être cherché dans les vallées qui séparent les dernières chaînes parallèles à la côte; elles nous conduiraient probablement aux premières chutes du Congo, dans l'intérieur, d'où l'on pourrait atteindre ensuite la partie navigable du fleuve, si on ne trouvait pas, avant, l'occasion d'obliquer au Sud-Est, pour aboutir directement au fleuve libre.

Cette exploration pourra se faire sans grandes difficultés ; mais à la condition d'y employer un personnel suffisamment nombreux et un matériel bien approprié. La Compagnie l'entreprendra aussitôt qu'elle sera solidement établie sur l'Ogooué, et nous avons le ferme espoir qu'elle y réussira.

En attendant que cette question puisse être approfondie, nous pensons qu'il serait utile que l'État fît occuper militairement quelques points sur l'Ogooué pour que nous puissions préparer notre organisation et nous permettre d'étudier et de choisir une base d'opérations convenable, en toute sécurité. Nous nous proposons d'établir un tramway pour relier la baie du Gabon à l'Ogooué, ce qui permettra de maintenir ces postes militaires en communication constante avec le gouvernement colonial, ainsi que de les ravitailler facilement et, au besoin, de leur envoyer de prompts secours.

Afin de diminuer le parcours sur terre, le point de départ de ce tramway sera pris dans le fond de la baie ou sur l'un des cours d'eau qui s'y déversent, en un lieu que réunisse les conditions voulues pour nos installations et où nos steamers puissent toujours accéder. La ligne suivra, en dehors des terrains d'inondations, une direction convenable pour aboutir à Orungo sur l'Ogooué.

Ce point pourrait être fortifié et devenir le siège du commandement du fleuve. Les autres points à occuper devraient, autant que possible, être choisis à l'entrée des vallées qui séparent les chaînes qui coupent cette contrée. Nous placerions nos établissements ou nos comptoirs auprès d'eux, et, sous leur protection, nous pourrions étudier les passages et procéder à une solide organisation pour assurer le succès de nos explorations vers le Congo.

Nos embarcations de guerre ne peuvent remonter l'Ogooué pendant la saison sèche, et les nègres en profitent souvent pour s'émanciper et molester les traitants, mais ils ne le pourraient plus, avec le système d'occupation que nous proposons. Tous les postes de la rivière seraient mis en communication par des pirogues et par de petits vapeurs à fond plat, qui remonteraient en eaux basses jusqu'aux rapides de Lopé.

La Compagnie construira des bateaux de ce genre, pour établir un service régulier entre ses établissements et son tramway ; les garnisons des postes pourront l'utiliser, ainsi que le télégraphe qu'elle établira pour communiquer avec le Gabon.

On peut s'étonner que nous demandions ici une occupation militaire que nous avons repoussée pour le Niger, il y a là, en effet, une contradiction apparente que nous devons expliquer.

Nous avons dit que pour entreprendre une œuvre sérieuse en Afrique, il fallait posséder une base d'opérations solide à la côte ; or, celle que le Gabon nous offre est trop étroite, ou, pour mieux dire, n'existe pas. C'est par l'Ogooué que nous pourrons parvenir au bassin du Congo, et ce fleuve n'est pas occupé par la France ; nos canonnières ne peuvent le remonter que pendant la saison des hautes eaux, et cette situation ne nous présente pas les mêmes garanties et les ressources que nous offre le Sénégal ; notre organisation, la formation du personnel et son dressage seront bien plus difficiles, et si nous devions, tout d'abord, former un corps expéditionnaire pour nous faire place et protéger un matériel très important, nous perdrions un temps précieux. L'objectif principal de l'entreprise sur ce point, c'est de prendre possession du bassin du Congo les premiers, et d'établir rapidement des transports économiques qui nous en assurent le monopole commercial, même dans le cas où l'on y arriverait avant nous.

C'est pour cette raison, dont la haute importance est indiscutable, que nous demandons une intervention militaire pour garder notre base d'opérations, et nous éprouvons d'autant moins de scrupules que le cours du fleuve est déjà placé sous la surveillance de notre marine ; la police qu'elle exerce d'une façon intermittente deviendra permanente. Voilà tout.

Le système que nous indiquons serait très favorable à la colonie ; il aiderait à y rappeler l'émigration, et, par notre tramway, nous aurions le moyen de faire une concurrence sérieuse et efficace aux maisons anglaises et allemandes qui monopolisent actuellement le commerce de ces parages. Les comptoirs que ces maisons ont établis sur le fleuve ne peuvent communiquer que par mer avec le Gabon, et pendant la saison sèche, ces communications sont fort difficiles, quelquefois même impossibles et onéreuses dans tous les cas. De plus, ces comptoirs sont, à cette époque, assez exposés au milieu des indigènes. L'occupation du fleuve leur donnerait la sécurité, mais non les moyens économiques de se ravitailler et d'évacuer les produits échangés, que nous serons seuls à posséder, et avec le concours desquels nous espérons rendre à notre commerce la prépondérance qui doit lui appartenir dans cette colonie dont la France supporte toutes les charges sans en avoir le profit.

CONCLUSION

Le projet que nous venons d'exposer remplit toutes les conditions propres à réaliser l'œuvre de civilisation et de progrès que nous avons prise opur objectif. Son exécution sera un grand bienfait pour ces malheureuses populations de l'Afrique: elle ouvrira à nos industries d'immenses marchés dont les besoins croîtront constamment sous l'action énergique de nos exploitations agricoles et de nos comptoirs ; elle fera renaître le goût de la colonisation et des entreprises coloniales, en même temps qu'elle servira la grande cause de l'humanité en supprimant la traite de l'homme et en transformant les mœurs et les gouvernements barbares de ces contrées qu'elle fera françaises.

Une Compagnie commerciale et agricole, venant offrir de nouveaux moyens d'échanges, sera bien accueillie des indigènes, et les chefs ne lui refuseront pas les terres dont elle aura besoin pour établir ses cultures et ses tramways. Elle peut se prêter à tous les compromis pour réaliser ses vues, et supporter même une certaine dose de vexations pour éviter des conflits dangereux et, n'ayant recours qu'à la persuasion et aux exemples pour convaincre ces peuples-enfants, respectant leurs croyances, ménageant leur orgueil natif, n'intervenant jamais dans leurs affaires, et donnant chaque jour de plus grands développements à leurs intérêts, elle ne leur portera aucun ombrage ; ils s'habitueront à son concours et arriveront à ne plus pouvoir s'en passer.

Par son organisation et son outillage, elle possédera une puissance d'action et une force de résistance considérables pour lutter victorieusement contre la concurrence étrangère et donner les plus grands développements au commerce de la France, en Afrique, en lui rendant les marchés de la côte et en lui en ouvrant de nouveaux dans l'intérieur, qu'elle monopolisera à son profit. Son indépendance sera complète, car ses établissements agricoles sont les bases fondamentales de l'entreprise et peuvent suffire seuls à la faire prospérer, ce qui lui permettra, si les nécessités de la concurrence l'y obligeaient, de fournir les articles français au prix de revient, sans prélever aucun bénéfice, les bénéfices de ses cultures couvrant toutes ses dépenses et laissant encore un excédent très important.

Enfin, reliant nos principaux ports de commerce avec nos colonies de la côte occidentale d'Afrique ; créant, dans ces dernières, des établissements agricoles modèles qui y introduiront de nouvelles cultures, y propageront l'usage des meilleures méthodes et d'un outillage perfectionné, et exerceront, sur les populations indigènes, une influence civilisatrice précieuse ; mettant au service de la colonisation et du commerce une organisation puissante qui leur fait défaut ; détruisant l'esclavage et faisant entrer la race noire dans le concert des peuples par l'éducation et le travail, notre Compagnie rendra les plus grands et les plus utiles services à notre pays, ainsi qu'à la civilisation et à l'humanité:

Nous estimons donc qu'on ne peut lui dénier le caractère d'intérêt national que nous lui attribuons, et qu'elle mérite d'obtenir l'appui moral et le concours financier de l'Etat.

Pour obtenir des résultats sérieux et prompts, il faut attaquer l'Afrique sur tous les points avec ensemble, ce qui oblige à immobiliser des capitaux considérables pour le matériel, les installations, les approvisionnements et les défrichements, et, comme rien n'existe encore, que tout est à faire, à organiser, à créer, il s'écoulerait plusieurs années avant qu'il fût possible de payer même l'intérêt de ces capitaux, perspective qui rendrait la constitution de la Compagnie fort difficile. Les entreprises coloniales sont peu goûtées et n'ont pas encore de clientèle dans le public financier ; une subvention est donc absolument nécessaire pour aider la marche de la Compagnie, en attendant qu'elle ait pu développer suffisamment ses cultures pour faire face à tous ses besoins. L'État n'en a jamais refusé aux entreprises d'intérêt public, il ne nous refusera certainement pas celle que nous sollicitons de son patriotisme et de son équité.

H. LE MERRE.

TABLE DES MATIÈRES

Paris-Imp. PAUL DUPONT, 46, rue Jean-Jacques-Rousseau. 1841.6.80